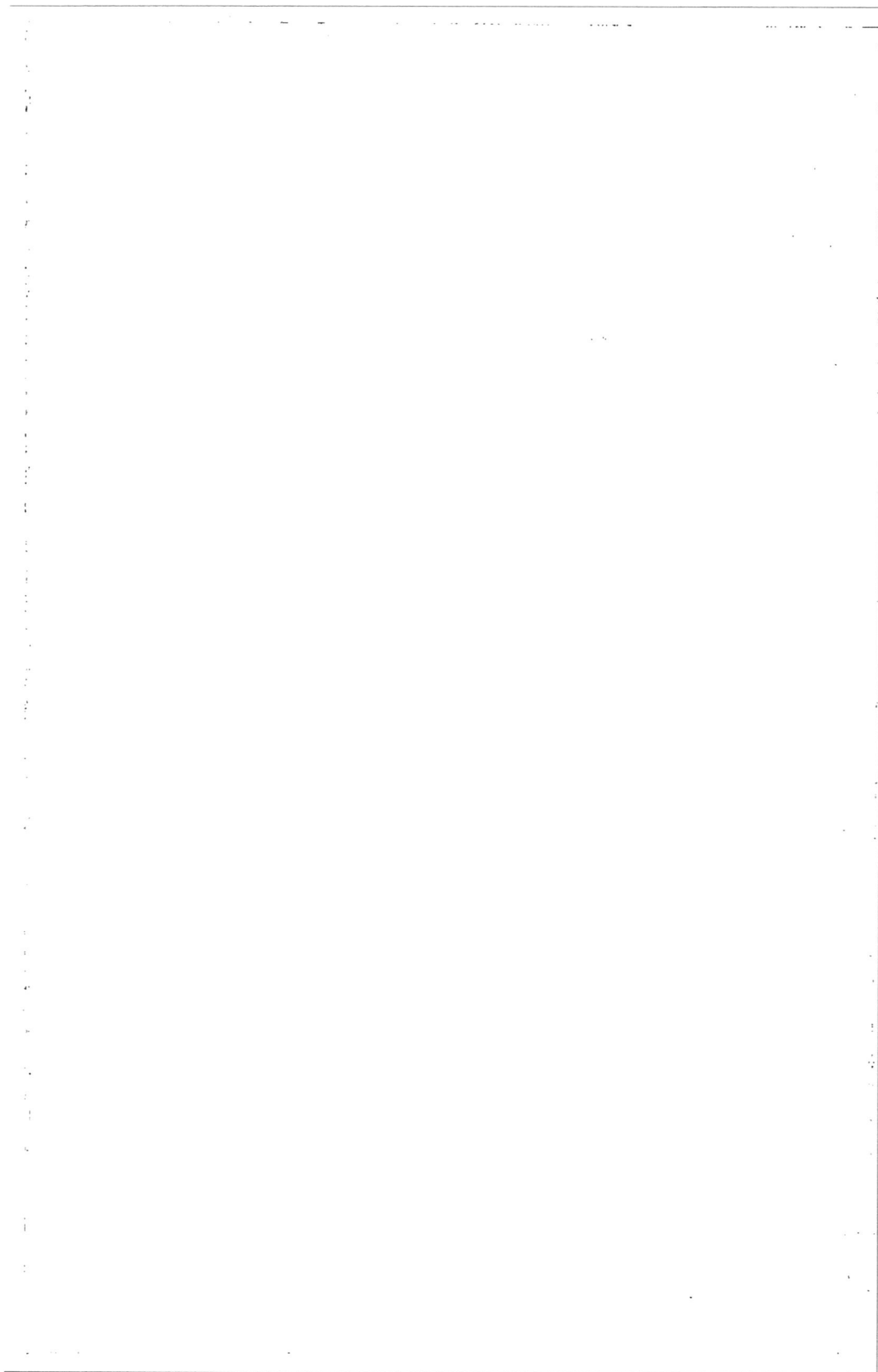

FACULTÉ DE DROIT DE NANCY.

DE L'ADOPTION

THÈSE

POUR

LE DOCTORAT

Par Henri LAURAIN, Avocat

NANCY

Typographie A. LEPAGE, Grande-Rue, 14.

—

1866

DE L'ADOPTION

THÈSE
POUR LE DOCTORAT

PRÉSENTÉE

A LA FACULTÉ DE DROIT DE NANCY

Par Henri LAURAIN, Avocat

NÉ A NUITS (COTE-D'OR)

Et soutenue publiquement le lundi 12 novembre 1866,
à 2 heures de l'après—midi.

Président : M. LOMBARD, *Professeur.*

Suffragants : MM. JALABERT, *doyen.*
DE LA MÉNARDIÈRE, *professeur.*
GLASSON,
DUBOIS, } *Agrégés.*

*Le Candidat répondra en outre aux questions qui lui
seront faites sur les autres matières de l'enseignement.*

NANCY
TYPOGRAPHIE A. LEPAGE, GRANDE-RUE, 14
1866

FACULTÉ DE DROIT DE NANCY

MM. JALABERT,	Doyen, professeur de Code Napoléon.
LOMBARD,	Professeur de Droit commercial.
DE LA MÉNARDIÈRE,	Professeur de Code Napoléon.
VAUGEOIS,	Professeur de Code Napoléon.
LIÉGEOIS,	Professeur de Droit administratif.
GLASSON,	Agrégé, chargé d'un cours de Droit romain.
DUBOIS,	Agrégé, chargé d'un cours de Droit romain.
ARNAULT,	Agrégé, chargé du cours de Procédure civile et de Législation criminelle.

M. PARINGAULT ✻,	Professeur honoraire.

M. LACHASSE,	Docteur en droit, secrétaire, agent comptable.

La Faculté n'entend ni approuver ni désapprouver les opinions particulières du Candidat. Le visa n'est donné qu'au point de vue de la morale et de l'ordre public (statut du 9 avril 1825, art. 41).

A MON PERE

A MA MÈRE

NANCY

Typographie A. LEPAGE, Grande-Rue, 14

DROIT ROMAIN

DE L'ADOPTION

NOTIONS GÉNÉRALES

---

§ Ier. Définition.

L'adoption est un *actus legitimus*, c'est-à-dire un acte solennel par lequel un citoyen romain donne la qualité et les droits de fils ou de petit-fils à une personne qui, jusqu'alors, ne s'était pas trouvée sous sa puissance paternelle, ou qui avait cessé de s'y trouver.

§ II. Origine et motifs.

C'est dans la physionomie toute particulière de la famille romaine, considérée au point de vue de l'ordre religieux, que l'adoption a son principe. Dans l'ancienne Rome chaque maison était un véritable temple consacré aux dieux domestiques : le chef de famille en était le prêtre, et, à ce titre, il devait présider au culte de la famille et perpétuer les *sacra privata*. Lorsque la famille se trouvait réduite à un seul membre, la mort de cet unique rejeton devait amener l'interruption des sacrifices et le délaissement des dieux pénates, ce qui, aux yeux des Romains, était une calamité et un opprobre. Alors, pour échapper à un pareil malheur, la loi et la religion lui offraient une dernière ressource, celle de l'*Adoption*.

Mais, ce qui a contribué à rendre l'adoption plus fréquente et à lui donner un caractère original et intéressant qu'on ne retrouve pas chez les autres peuples, ce n'est pas seulement la religion, c'est aussi la constitution politique de la société romaine. En effet, outre qu'elle était une consolation pour les parents privés d'enfants, elle était encore un moyen de perpétuer les familles illustres, qu'un état permanent de guerre tendait sans cesse à éteindre.

Ce fut l'adoption qui offrit à la fois aux patriciens et aux plébéiens, longtemps séparés par une démarcation profonde, un moyen naturel et facile de s'ouvrir réciproquement la porte de leurs castes. C'est ainsi que le plébéien put entrer dans une famille patricienne pour briguer le consulat, et le patricien, dans une famille plébéienne pour devenir tribun du peuple.

Ce fut elle aussi qui, lorsque les Romains, dédaignant la simplicité austère de leurs mœurs primitives, commencèrent à préférer le concubinat au mariage, fournit aux *cœlibes* et aux *orbi* le moyen d'éluder les incapacités créées par les lois *Julia* et *Papia Poppœa*. Mais cette fraude fut réprimée sous Néron ; un sénatus-consulte déclara que ces adoptions ne donneraient pas les avantages attachés à la paternité. (Tac. *Annal.*, 1. 15, §. 19.)

Enfin, l'adoption apportait un correctif à la rigoureuse organisation de la famille romaine; car elle donnait au chef de famille le moyen de remettre sous sa puissance paternelle l'enfant qui en était sorti par une émancipation, ou d'y faire entrer celui qui n'y avait jamais été soumis.

Quelquefois même le but de l'adoption était de modifier le rang et le rapport créés par la naissance, et d'en substituer d'autres purement arbitraires. Nous pouvons le voir par la loi 1, § 1, (*D. de adopt.* 1. 7.), où Ulpien nous montre un chef de famille, qui a deux fils, et de l'un d'eux, un petit-fils, émancipant ce dernier, puis l'adoptant ensuite avec la qualité d'enfant de celui qui était son oncle. Plus loin nous verrons que cette modification de la parenté n'était pas sans influence sur l'application du droit.

§ III. Différentes espèces d'adoption.

Le mot adoption est pris quelquefois dans un sens générique, et comprend indifféremment l'acquisition de la puissance paternelle sur les personnes *sui juris* et sur celles *alieni juris*. Mais le plus souvent il s'applique à l'acquisition de la puissance paternelle sur les personnes *alieni juris*, tandis que l'adoption d'un *paterfamilias* prend le nom d'adrogation. (Loi 1, § 1. *D. de adopt.* 1. 7.)

CHAPITRE PREMIER.

DE L'ADOPTION.

— — · · ·

§ I. Formes.

L'adoption est un acte solennel dont l'effet est de faire passer une personne *alieni juris* sous une puissance paternelle autre que celle à laquelle elle se trouvait précédemment soumise. Deux idées sont renfermées dans cette définition : dessaisissement de la puissance paternelle d'une part, et attribution de cette même puissance d'autre part. Pour arriver à ce double résultat, éteindre la puissance du père naturel et l'établir au profit d'une personne étrangère, deux opérations étaient nécessaires : La *mancipatio* et la *cessio in jure*.

La loi des Douze Tables, qui permettait au maître d'affranchir son esclave, ne s'était en rien occupée de la manière de libérer les enfants de la puissance paternelle. Mais l'esprit, si pratique, des jurisconsultes romains sut trouver un moyen de suppléer au silence de cette loi par l'application ingénieuse d'une de ses dispositions.

La quatrième Table portait : *Si pater filium ter venum-dedit filius a patre liber esto.* Cette disposition permettait au père l'aliénation de ses enfants comme celle d'une chose, c'est-à-dire lui donnait le droit de les faire passer sous une puissance particulière, appelée *mancipium*, au moyen d'un acte solennel, la mancipation. Ce pouvoir exor-

bitant qui appartenait au père, de vendre son fils, ne tarda
pas à disparaître de la législation romaine (lib. 5, tit. 1, § 1,
Sent. Pauli), et si on a continué d'appliquer la mancipation,
ce n'est que comme fiction et pour arriver à des émancipa-
tions que le droit civil ne comportait pas. (*Com.* 1er, § 195,
Gaius.)

Voici l'usage qu'on faisait de la mancipation pour arriver
à l'extinction de la puissance paternelle, et par suite à l'adoption. Avant tout on distinguait si c'était un fils qu'on voulait donner en adoption, ou bien si c'était une fille ou un
petit-fils. Supposons qu'il s'agissait d'un fils. L'adoption,
nous dit Gaius (*Com.* 1er, § 134.), s'opérait *per tres man-
cipationes* et *duas intercedentes manumissiones* suivies
d'un procès fictif appelé *in jure cessio.* Supposons que
Titius et Sempronius étaient d'accord pour faire passer sous
la puissance paternelle de Sempronius le fils qui était *in
patriâ potestate Titii*, Titius commençait par manciper son
fils à Sempronius ; le fils alors était *in mancipio ;* mais
comme ce n'était pas là la puissance qu'ils avaient eue en
vue, ni celle à laquelle le fils avait voulu se soumettre, le
maître l'affranchissait. Etait-il libre par cet affranchissement et de la puissance paternelle et du *mancipium?* De la
puissance paternelle, non, assurément; car telle était la
patria potestas chez les Romains, qu'il fallait trois ventes
pour en opérer l'extinction définitive; mais il se trouvait
affranchi du *mancipium.* L'enfant retombait alors sous la
puissance de Titius. A la suite d'une seconde mancipation
et d'un nouvel affranchissement, le résultat était le même.
Mais si Titius le mancipait une troisième fois, sa *patria potestas* se trouvait alors éteinte, sans cependant que celle de
Sempronius fût née. Comment donc transformer en puissance paternelle le *mancipium* de Sempronius ? Pour y arriver, Sempronius le remancipait à Titius. L'enfant, se trouvant alors *in mancipio* du père naturel, devenait l'objet d'un

procès fictif en réclamation d'état, d'une véritable *vindi-catio*, au moyen de *l'actio sacramenti*. Sempronius prétendait que c'était son fils ; Titius, son adversaire, ne contredisait pas ; le fils, de son côté, gardait le silence, et le magistrat rendait une décision conforme, *addicebat*. Il en résultait que l'adopté se trouvait sous la puissance paternelle de l'adoptant en vertu de la force de la chose jugée. (Aulu-Gelle, *Nuits attiques*, 5, § 19.)

Pour nous résumer, l'adoption appliquée au fils était une opération complexe où on voyait figurer trois mancipations, deux affranchissements intermédiaires, une remancipation, et enfin un procès fictif dont l'effet n'était pas, à proprement parler, de transmettre à l'adoptant le pouvoir paternel du père naturel, mais qui créait à son profit une nouvelle puissance. (Gaius. *Com.* 2, § 24. Ulp., tit. 19, § 9.)

S'agissait-il de l'adoption d'une fille ou d'un petit-fils, comme la loi des Douzes Tables ne parlait que du fils, les jurisconsultes n'avaient pas exigé pour eux la triple mancipation. Aussi, les formalités à remplir se trouvaient réduites à une mancipation par le père ou l'aïeul, à une remancipation de la part de l'adoptant, et enfin à une *cessio in jure*. (132, 134, *Com.* 1er, Gaius.)

Cette manière de procéder est la seule qui nous soit bien connue. Il en existait cependant une autre que Gaius nous indique dans ses *Commentaires* et qui conduisait au même but ; mais le manuscrit est resté illisible à cet endroit. Aussi a-t-on été réduit à des conjectures sur la nature du second moyen proposé par ce jurisconsulte, d'après lequel le premier était préférable au second.

Toutefois, on a fait une tentative de restauration de ce texte, dont nous croyons utile de dire un mot pour réfuter l'ingénieuse explication qu'on a voulu en déduire. Gaius voulant parler du deuxième mode, dit : *aut jure mancipa-tur patri* ; puis, après une lacune d'environ une ligne, ajoute : *mancipatione est. Sed sane commodius est patri re-mancipari.* Pour compléter ce texte, on a proposé d'insérer après le mot *patri* ceci : *adoptivo et ab eo ut filius vin-dicatur nec opus remancipatione est.* Cette correction est basée sur l'existence, dans le manuscrit, de quelques lettres entrant dans la composition des mots proposés et sur l'é-gale longueur de cette addition au passage illisible.

Le résultat de cette explication serait tel qu'après la troi-sième mancipation, le père adoptif, investi de la puissance paternelle, n'aurait plus besoin de remanciper l'enfant au père naturel. Le procès fictif qui, dans le premier système, avait pour but la transformation du *mancipium* en puis-sance paternelle, devait avoir lieu alors aussitôt après la troisième mancipation, sans que le père naturel y figurât. Nous le reconnaissons de nouveau, cette tentative de res-tauration est ingénieuse, mais nous ne saurions l'admettre. D'ailleurs, le texte de Gaius nous offre une réfutation pé-remptoire à propos du premier mode d'adoption : *sed sane commodius est patri remancipari.* Or, si l'on acceptait l'explication déduite de la restauration dont nous venons de parler, le second mode serait le plus simple, et non le pre-mier, ce qui serait contraire au texte de ce jurisconsulte.

Quels étaient les magistrats devant lesquels devait s'o-pérer l'adoption? Gaius, dans son *Comment.* 1er, § 134, nous indique le Préteur pour Rome et les Présidents des provinces pour les provinces. D'autres textes disent, de la manière la plus positive, que l'adoption ne s'effectuait que devant un magistrat d'un ordre supérieur *apud quem legis actio est.* (Aulu-Gelle, livre 5, cap. 19. Loi 4. *D. de adopt.*, 1. 7. Loi 1. Code *de Adopt.*, 8. 48.)

Cela s'explique parfaitement tant que les actions de la loi restèrent en vigueur, puisque l'adoption était une revendica-tion qui s'opérait au moyen d'une de ces actions, d'un acte légitime. On appelait ainsi une sorte de procédure consacrée, c'est-à-dire la forme mise à la disposition de celui qui voulait faire valoir son droit, forme consistant en des rites tellement sacramentels que, si une des paroles venait à être changée, le procès ne pouvait être continué. Mais lorsque les actions de la loi tombèrent sous l'animadversion publique, lorsqu'elles furent abandonnées d'abord par la pratique, qui leur substitua même, entre citoyens romains, le système des pérégrins et qu'elles furent définitivement abrogées par la loi OEbutia, il était encore reçu que l'adoption ne pouvait se faire que devant le magistrat *apud quem legis actio est;* car il arriva qu'après que le système formulaire eut remplacé cette forme de procéder pour les véritables procès, l'action de la loi ne continua pas moins à être employée pour les actes de juridiction gracieuse, tels que l'adoption, l'émancipation, l'affranchissement, qui modifiaient l'état des personnes et qu'on appelait *actus legitimi.* On pouvait donc, pour adopter, s'adresser, à Rome, au Consul ou au Préteur, et dans les provinces, au Président ou au Proconsul. Quant aux magistrats municipaux, en principe, ils n'avaient pas la *legis actio,* mais s'ils en avaient été investis par suite de quelque privilège exceptionnel, ils devenaient compétents pour l'adoption. (*Sent. Pauli,* lib. 2, tit. 25, § 4.)

Ces divers magistrats restaient compétents, même quand ils se trouvaient intéressés à l'acte à un titre quelconque. C'est ainsi que le décident les lois 3 et 4. *Dig. de adopt.* 1, 7 et 2 *de officio præsidis. Dig.* 1.13. Bien que les lois 13, § 4, *ad Senatusc.Trebell.,* 56.1, et 9 *de pactis* 2.14, paraissent leur refuser ce droit. Mais de ces deux opinions, c'est la première que nous préférons, car il s'agit là d'un acte de juridiction purement gracieuse. Il n'en serait pas de même s'il s'agissait d'une matière contentieuse dans laquelle le magistrat serait à la fois juge et partie ; car, dans les actes de juridiction gracieuse, la présence du magistrat n'était autre que l'approbation donnée par l'autorité à un acte de la vie privée de celui qui en était investi, tandis que la présence des parties en était la chose essentielle.

Ces formes furent conservées telles que nous venons de les exposer jusqu'à Justinien. Mais cet empereur, trouvant que la forme matérielle, si nécessaire dans l'ancien droit, n'était plus en rapport avec la civilisation, rompit avec tous ces moyens fictifs, et décida que, désormais il suffirait de faire dresser, devant un magistrat compétent, un acte constatant l'adoption avec le consentement réuni de celui qui donnait, de celui qui prenait et de celui qui était donné en adoption. (*Inst.* § 1, et Code. Loi 11. *de adopt.*, 8. 48.)

Dans le cas où le père ne pouvait pas parler, s'il manifestait une volonté favorable à l'adoption, cette adoption, il est vrai, n'était pas régulière, mais en fait, elle était confirmée par le Préteur. (Loi 29. *de adopt. D.* 1. 7.) On se contenta également d'un consentement tacite de la part de l'adoptant. Quant au père naturel, même sous Justinien, il devait toujours déclarer sa volonté en termes exprès. Une adhésion tacite était valable de la part de l'adopté, d'où il suit qu'on pouvait adopter des enfants ne parlant pas encore. (Loi 42. *Dig. de adopt.* 1. 7.) Ainsi, on passait outre à l'adoption, pourvu qu'il ne protestât pas.

Il pouvait se faire que le consentement de l'adoptant, celui du *paterfamilias* qui donne en adoption, et l'assentiment exprès ou présumé de l'adopté, ne fussent pas toujours suffisants. En effet, l'adopté peut entrer dans sa famille adoptive comme fils, *quasi filius,* ou comme petit-fils, *quasi nepos,* de l'adoptant; comme fils, même si c'est un grand-père qui donne en adoption ; comme petit-fils, même si c'est un père, et quoique l'adoptant n'ait jamais eu de fils en puissance. Y était-il admis comme petit-fils, deux cas pouvaient se présenter. L'ascendant ne désignait à l'enfant adoptif aucun de ses fils en puissance pour père *quasi ne-*

pos ex incerto. Sa position était celle d'un petit-fils dont le père était déjà mort, et il n'était que le neveu de tous les fils de l'adoptant ; par suite, à la mort du chef de famille, il devenait libre et par conséquent héritier sien. S'il y entrait comme fils d'un des enfants en puissance du père adoptif *quasi nepos ex certo*, à la mort du chef il retombait sous la puissance de celui qu'on lui avait désigné pour père, et ne devenait pas l'héritier sien de l'adoptant. *Non agnascitur avo suus hœres.* (L. 10. *D. de adopt.* 1. 7.)

Comme dans ce cas, le petit-fils adopté pouvait devenir l'héritier sien du fils qu'on lui avait désigné, le consentement de celui-ci devenait indispensable en vertu de la règle *ne invito suus hœres agnascatur.* (Loi 11. *D. de adopt.* 1. 7.) Mais ce fils de famille refuse-t-il sont consentement, l'adopté passe sous la puissance de l'adoptant, et à sa mort, ne passe pas sous celle de son fils ; il deviendra *sui juris* au décès de l'adoptant. (Loi 11. *D. in fine de adopt.* 1. 7.)

Mais si le chef de famille n'avait pas une puissance assez étendue pour introduire, sans le consentement de son fils, parmi les enfants de ce dernier, de nouvelles personnes destinées à devenir, pour lui, des héritiers siens, l'aïeul pouvait renvoyer de sa famille ses petits-fils sans le consentement du fils, leur père, et diminuer, par là, la famille que celui-ci devait avoir un jour en sa puissance ou émanciper son fils et retenir ses petits-enfants sous sa puissance.

Outre les relations de filiation et de parenté civile entre l'adoptant et l'adopté, l'adoption créait encore des liens d'agnation entre l'adopté et les agnats de l'adoptant. Mais bien que cette agnation pût donner un jour ouverture à des droits d'hérédité, les agnats n'étaient cependant pas consultés. (L. 7 *de adopt.* 1. 7.)

Ainsi que nous l'avons dit, l'adoption avait lieu primitivement à l'aide d'une ou plusieurs mancipations suivies d'une *in jure cessio ;* c'était donc un acte légitime. Dès lors, nous devons en tirer cette conclusion, que la présence des parties était nécessaire, puisque les *actus legitimi* ne pouvaient s'accomplir *per procuratorem.* (L. 24 et 25. *D. de adopt.* 1. 7. 123. *de reg. juris.* 50. 17.)

C'est là une règle qui subsista encore sous Justinien, non pas par respect pour le vieux droit Quiritaire, mais comme la plus précieuse garantie du parfait consentement des parties.

L'adoption n'admettait ni terme, ni condition (L. 34. *D. de adopt.* 1. 7.), car la qualité de fils ne se prêtait guère à ces modalités en désaccord avec le principe *adoptio naturam imitatur.* D'ailleurs, les *actus legitimi,* auxquels on devait primitivement recourir pour opérer l'adoption, ne comportaient ni terme, ni condition. (77. *D. de reg. juris.* 50, 17.) Mais si le père ne pouvait adopter pour un certain temps, rien ne l'empêchait d'émanciper l'adopté qu'il ne lui était cependant pas permis d'adopter une seconde fois (L. 37. *D. de adopt.* 1. 7.), à moins que l'émancipateur ne fut le père naturel. (L. 12. *D. de adopt.* 1. 7.)

Maintenant que nous avons fini l'examen des formes de l'adoption avant et après Justinien, nous devons faire remarquer que, malgré les innovations de cet empereur, elle est restée un acte solennel pour l'accomplissement duquel les formes étaient de rigueur.

Cependant si l'une d'elles a été négligée, le mal n'est pas absolument sans remède « *adoptio non jure facta principe confirmari potest* », dit Marcellus. (L. 38. *D. de adopt.* 1, 7.) Cette confirmation émanant du prince ne doit, du reste, être accordée que *causâ cognitâ,* c'est-à-dire, lorsque les juges ont entendu les parties intéressées. (L. 39. h. t.)

§ II. Des conditions de l'adoption.

L'adoption étant un moyen subsidiaire d'acquérir la puissance paternelle, il fallait être en état de l'acquérir et de l'exercer. C'était là une condition essentielle. De ce principe il résulte que le citoyen romain ingénu ou affranchi, peu importe, pouvait seul adopter; car la puissance paternelle était une création du droit civil, bien différente de la puissance dominicale qui, découlant du droit des gens, appartenait à tout propriétaire. (Gaius. *Com.* 1er, § 55.) Dès lors, l'adoption était interdite à l'esclave et au pérégrin.

Il fallait, de plus, être *sui juris*, libre de toute puissance paternelle. En effet, on ne concevrait pas que des personnes *alieni juris* eussent pu acquérir une puissance dont elles n'étaient pas libérées.

C'est par application de cette règle que, pendant longtemps, l'adoption fut interdite aux femmes d'une manière absolue *quia ne quidem naturales liberos in potestate habent*. (Gaius. *Com.* 1er, § 104.) Cependant, plus tard, il leur fut permis d'adopter, avec l'autorisation du prince, pour se consoler d'avoir perdu leurs enfants. Mais l'adoption dans ce cas ne produisait pas de puissance paternelle; elle établissait seulement, entre la mère et son enfant adoptif, des liens semblables à ceux qui existent entre la mère et ses enfants propres. (L. 5. *C. de adopt.* 8. 48, § 10. *Inst. de adopt.* Cette faveur, qui n'avait été accordée qu'aux femmes ayant perdu leurs enfants, devint la règle générale. Dès lors, il fut permis à toute femme d'adopter. (Nov. 27. de l'empereur Léon, *in fine.*)

Une personne pouvait-elle adopter quelqu'un à titre de frère? Nous ne le croyons pas, car une pareille adoption eût été contraire au principe. L'adoption était, en effet, un acte légitime qui avait pour but de faire acquérir la puis-

sance paternelle, et on ne concevrait pas qu'un frère pût avoir
la puissance paternelle sur son frère. Cette solution est d'ailleurs en harmonie avec la loi 7 (*Code de hœred. inst.* 28.
5.), d'après laquelle chez les pérégrins on ne pouvait adopter à titre de frère. Or, si on ne pouvait le faire chez les
pérégrins, à *fortiori* chez les Romains. On objecte d'abord
la loi 58, § 1 (*de hœred. inst. D.* 28. 5), mais ce texte ne
s'occupe que de la question de savoir si, en instituant quelqu'un héritier, on peut lui donner la qualité de frère. Il est
certain que cette qualité ne vicie pas l'institution, si le testateur a pour lui l'affection d'un frère. Le seul argument sérieux qu'on puisse opposer, se tire de la loi 42 pr. (*de bonis
libert. D.* 58. 2.) Mais il s'agit, dans cette loi, d'un fils exhérédé par son père, dont le frère a recueilli la succession paternelle, puis l'a adrogé. Si l'adrogé ne peut invoquer que
la qualité de fils du testateur, pour venir à la succession de
l'affranchi, il n'y viendra pas. D'ailleurs la loi Julia défend
au fils exhérédé de recueillir la succession de l'affranchi
de son père. Il n'y viendra donc que s'il peut invoquer une
autre qualité, par exemple, celle de fils de l'adrogeant qui a
recueilli l'hérédité du patron. C'est là ce qui arrivera, s'il est
adrogé par l'adrogeant en qualité de fils. Si au contraire, il
est adrogé par l'adrogeant en qualité de frère, il est fils du
testateur et ne peut invoquer que la qualité de fils du testateur, pour venir à la succession de ses affranchis. Or, il ne
peut venir en vertu de cette qualité, puisqu'il a été exhérédé. C'est ce que décide Papinien. C'est donc que Papinien suppose que l'individu a été adrogé, non pas en qualité
de fils, mais en qualité de frère. Mais c'est là un raisonnement faux. En effet, ce qui fait que l'individu ne peut pas
venir à la succession de l'affranchi, ce n'est pas qu'il ait été
adopté à titre de frère, c'est parce que, frappé d'une peine
par la loi Julia, il n'a pu se soustraire à cette peine par une
adrogation, sans faire fraude à la loi. Ce résultat s'ap-

2

plique encore, en supposant qu'il ait été adopté à titre de fils. Il n'est donc nullement nécessaire, pour expliquer la loi, de supposer qu'il a été adopté à titre de frère.

La jurisprudence avait exigé une certaine capacité de la part de celui qui se proposait d'adopter ; elle voulait que la paternité légale, résultant de l'adoption, imitât, jusqu'à un certain point, la paternité naturelle. C'est ce principe que la loi 16, (*D. de adopt.* 1. 7.) formule en ces termes : *adoptio in his personis locum habet in quibus etiam natura potest habere*, et qui est formulé, plus simplement, dans les *Institutes* (§ 4, *de adopt.*), par ces mots : *adoptio naturam imitatur*.

Ainsi, l'adoption n'était pas permise aux castrats ; mais il n'en était pas de même de l'impuissance naturelle qui ne se révèle par aucun signe extérieur, tandis que, chez les castrats, le vice d'organisation est mieux démontré et les rend à jamais impropres à la génération. Cette différence est clairement établie quant aux mariages, dans la loi 59. (*D. de jure dotium*, 23. 5.)

Pour l'adoption, Gaius, ne parlant que de l'impuissance naturelle, dit qu'elle n'est pas un obstacle, et c'est le § 9, *Inst.* (tit. 2, liv. 1er) qui, pour la première fois, établit une distinction entre les spadones et les castrats, et laisse aux uns la faculté d'adopter, qu'il refuse aux autres. Plus tard, l'empereur Léon, saisissant mieux la portée d'une institution, dont le but était de donner des enfants à ceux auxquels la nature en avait refusé, rendit aux castrats la faculté d'adopter. (Nov. 27.)

Une autre conséquence du principe que l'adoption devait imiter la nature était celle-ci : que l'adoptant devait avoir dix-huit ans de plus que l'adopté, c'est-à-dire qu'il devait avoir de plus que l'adopté, la *plenam pubertatem.* (§ 4. *Inst. de adopt.* L. 40, § 1. *D. de adopt.* 1. 7.) Dans l'ancien droit, cela faisait question, et du temps de Gaius, on se demandait encore s'il était nécessaire que l'adoptant fût plus âgé que l'adopté, *sed et illa quæstio an minor natu majorem natu adoptare possit utriusque adoptionis communis est.* (Gaius, *Com.* 1er, § 106.)

Ainsi, nous voyons Cicéron employer, sans résultat, toutes les ressources de son éloquence à prouver que l'adoption de Clodius par un plébéien, plus jeune que lui de vingt-trois ans, était immorale et sans valeur. Mais dans le droit de Justinien, aucun doute ne peut exister à la lecture du § 4 du titre 11 des *Inst.* (Liv. 1er *de adopt.*)

Cette *plena pubertas*, qui est la règle pour l'adoption, et dont on ne retrouve de traces que dans deux textes (L. 57. *de re judicatâ. D.* 42. 1. *Sent. Pauli*, lib. 3, tit. 4 § 2.), est une exception à la puberté ordinaire de quatorze ans et de douze ans. Elle a son origine dans la controverse qui existait entre les Sabiniens et les Proculéiens. Les premiers faisaient dépendre la puberté d'un examen du corps *ex habitu corporis ;* les autres pensaient qu'il fallait désigner une époque fixe où l'on serait réputé pubère. Pour les impuissants, qui jamais ne deviennent pubères, on admit une disposition exceptionnelle fixant la puberté à l'âge de 18 ans. (Liv. 3, tit. 4, § 2. *Sent. Pauli.*) Cette décision qui, dans l'origine, était spéciale aux impuissants, fut étendue à l'adoption, par suite du principe *adoptio naturam imitatur.* Lorsque l'adopté entrait dans sa nouvelle famille comme petit-fils, l'adoptant devait avoir de plus que lui deux fois la puberté pleine.

Comme l'adoption devait imiter la nature, il semblait qu'un *paterfamilias* ne pût adopter comme petit-fils qu'autant qu'il aurait déjà eu un fils. Mais les textes sont formels pour ne pas exiger cette condition. (L. 37. *de adopt. D.* 1. 7. *Inst.* § 6. *de adopt.*)

Toutes les personnes *alieni juris*, quels que soient leur âge et leur sexe, pouvaient être adoptées. C'est ce que nous indique Ulpien, titre 8, § 5 de ses Fragments : *adoptari tam masculi quam feminœ et tam puberes quam impuberes possunt*. C'est là une différence avec l'adrogation qui, comme nous le verrons, exigeait certaines conditions de sexe et d'âge.

Nous n'avons pas, pour le moment du moins, à nous demander si les affranchis pouvaient être adoptés ; car l'affranchissement les rendait *sui juris*, et nous savons que l'adoption ne pouvait s'appliquer qu'aux personnes *alieni juris*. Nous verrons plus tard s'ils pouvaient être adrogés et sous quelles conditions. Une Constitution du Code (L. 8. *de adopt.* 8. 48), a soin de dire du reste que rien ne s'oppose à ce que le patron adopte la fille de son affranchi, quand le père de cette fille y consent.

La question de savoir si l'esclave pouvait être adopté a longtemps préoccupé les jurisconsultes romains. Les uns, s'en tenant strictement aux effets de l'acte, en déduisaient toutes les conséquences. Les autres n'y voyaient qu'un simple mode d'affranchissement. C'est cette dernière solution que Justinien consacre dans ses *Institutes* et pour laquelle il invoque le témoignage de Caton. *Apud Catonem bene scriptum refert antiquitas servos si a domino adoptati sunt ex hoc ipso posse liberari.* (§ 12, *Inst. De adopt.*)

On peut dire que c'est le respect des convenances et aussi une incompatibilité de principes qui avaient fait admettre que l'adoption du conjoint de l'enfant non émancipé devait amener la rupture du mariage. On ne conçoit pas en effet que deux époux soient frères et époux l'un de l'autre. C'est d'ailleurs une règle posée aux *Institutes* d'une manière très formelle. (*Inst. de nuptiis*, § 2.) *Si quis generum velit adoptare debere eum ante filiam suam emancipare ; et si quis velit nurum adoptare debere eum ante filium suum emancipare.*

S'il arrivait que cette règle fût violée, et que l'on adoptât un gendre ou une bru, sans l'émancipation préalable du conjoint, que décider ? Tryphoninus examine la question dans la loi 67, § 5. (*D. de ritu nupt.* 23. 2.) Il s'agit dans cette loi de l'adoption par un tuteur du mari de sa pupille : *videamus an perimentur nuptiæ ut in genere adoptato dictum est.* Cujas disait que le mariage, en pareil cas, devait être maintenu. Mais si on se rappelle que les Romains n'avaient pas un très grand respect pour le mariage, on comprendra sans peine que quand il s'élevait une cause d'incompatibilité entre l'adoption et le mariage, c'était le mariage qui devait être sacrifié. D'ailleurs, l'adoption était un contrat solennel de droit public et indissoluble par sa nature.

§ III. Effets de l'adoption.

Avant d'arriver à l'étude des effets qui résultent de l'adoption, nous regardons comme une nécessité de montrer quelle était la base de la famille romaine. Dans le droit général des sociétés, le fondement de la famille est le mariage. Chez les Romains, les justes noces en étaient bien un des éléments, mais son principe était ailleurs ; il résidait dans la puissance paternelle. Chez ce peuple, la famille ne se constituait pas par le lien du sang, c'était le droit civil qui la créait et l'organisait. Pour cela, il ne tenait aucun compte de la communauté d'origine, et s'attachait uniquement à cette circonstance que plusieurs personnes étaient sous la puissance d'un même père de famille, ou auraient pu s'y trouver si l'auteur commun eût vécu encore.

La femme, épouse pour le mari, mère pour les enfants, n'était pas comprise dans la famille par le seul fait du mariage ; les enfants eux-mêmes, leurs ascendants pouvaient s'y trouver étrangers. Mais, par contre, des personnes étrangères pouvaient en faire partie. Ainsi l'adoption, en donnant au père de famille la puissance, était par là même un lien de parenté et de famille.

Son effet principal était de faire passer un membre d'une famille dans une autre. Il en résultait que certains droits et devoirs disparaissaient d'une famille avec la personne elle-même, tandis que l'arrivée de cette même personne dans une autre famille donnait naissance à d'autres droits et à d'autres devoirs. Dès lors, les effets de l'adoption étaient doubles, et nous croyons utile de les étudier séparément, sous chacun de ces deux points de vue, en suivant l'ordre dans lequel ils se produisaient, c'est-à-dire en commençant par ceux qui tenaient à la sortie de l'adopté de sa famille naturelle.

I. *Effets de l'adoption vis-à-vis de la famille naturelle.* — Dès que l'adoption était accomplie, l'adopté voyait se briser immédiatement presque tous les liens qui le rattachaient naguère à sa famille naturelle. Il devenait étranger à son culte, et, s'il conservait une trace du nom qu'il y avait reçu, ce n'était que pour perpétuer le souvenir de sa véritable origine. En quittant ainsi sa famille naturelle, il subissait une *minima capitis deminutio,* dont la conséquence était la rupture des liens d'agnation, et sa situation était celle d'un émancipé, sauf toutefois le bénéfice de la fiction prétorienne. Mais si la *minima capitis deminutio* détruisait l'agnation, la cognation du moins survivait *quia,* dit Gaius, *civilis ratio civilia quidem jura corrumpere potest, naturalia vero non utique.* (Gaius, *Com.* 1er. § 158.)

Ainsi il restait le cognat de ceux qui, comme lui, descendaient d'un auteur commun, quoi qu'il ne se trouvât plus sous la puissance de celui auquel il était précédemment soumis. (*Inst.*, § 6. *de Cap. dem.*) Les prohibitions de mariage qui existaient entre lui et les membres de cette famille étaient maintenues. Il ne pouvait épouser sa sœur naturelle, quoiqu'il ne fût plus son agnat, car le lien du sang suffisait pour qu'il ne pût contracter avec elle de justes noces.

Quand, au contraire, la prohibition était seulement attachée à l'agnation, l'agnation disparaissant, la prohibition disparaissait aussi. Elle ne subsistait que dans un cas, entre ascendant et descendant, *eam quæ tibi per adoptionem filiæ vel neptis esse loco cœperit non poteris uxorem ducere quamvis eam emancipaveris.* (*Inst.*, § 1. *de nuptiis.*) Il en était de même pour l'adopté qui, avant sa sortie de sa famille naturelle, avait consenti à l'adoption d'un étranger *quasi ex ipso natus,* car avant sa propre adoption, la parenté en ligne directe avait existé entre eux. Mais un frère et une sœur, unis par les liens de la parenté civile, c'est-à-dire celle résultant de l'adoption, pouvaient s'épouser, une fois le lien rompu par la sortie de l'un d'eux de la famille commune, soit par l'émancipation, soit par l'adoption.

Malgré l'adoption, l'enfant adopté devait encore, par respect pour les ascendants, obtenir l'autorisation préalable du Préteur, s'il voulait appeler *in jus* son père naturel. Si cette prérogative survivait à la puissance paternelle, c'était par la raison bien simple qu'elle ne dérivait pas uniquement de cette puissance, mais qu'elle tenait aussi aux égards et au respect qu'un enfant doit toujours apporter dans ses relations avec ceux qui lui ont donné le jour. C'est ce que confirme la loi 8. (*D. de in jus vocando,* 2. 4.) Le père adoptif avait le même privilége pendant tout le temps où l'adopté restait sous sa puissance. Ici on comprend très bien pourquoi la prérogative du père s'éteint avec la puissance : le lien adoptif étant son unique cause, il doit nécessairement disparaître avec lui. Enfin, dans le but d'éviter des écarts d'ingratitude, l'édit du Préteur défendait d'appeler *in jus* sans sa permission non-seulement le patron, mais les enfants qui étaient sortis de sa puissance par l'émancipation ou l'adoption. Cette protection était même étendue à l'enfant que l'émancipé ou l'adopté avait eu après être dévenu *sui juris* ou membre d'une autre famille. Mais un affranchi pouvait valablement appeler *in jus* sans permission celui que le fils émancipé de son patron aurait adopté ensuite ; car, entre ce dernier et le patron, le lien naturel que le Préteur prenait en considération n'existait pas. (L. 10, § 8, *D. de in jus vac. 2. 4.*)

L'obligation réciproque de se fournir des aliments ne recevait également aucune atteinte de l'adoption, car c'était encore la parenté naturelle qui lui servait de fondement. Ulpien pose la question dans la loi 5 §§ 1 et 2 (*de agnoscendis, D. 25. 5*) à propos de l'émancipation des parents par les femmes, et il la résout dans le sens de la persistance de l'obligation. C'est par identité de motifs que nous croyons devoir faire l'application de la même règle à l'adoption.

Mais, ce qui cessait dans la personne du père naturel, c'était la puissance paternelle. Elle passait, en effet, au père adoptif aussitôt après l'adoption, avec tous les attributs et prérogatives qu'elle comportait. Ainsi l'adopté cessait d'acquérir pour son ascendant naturel ; l'usufruit que cet ascendant avait sur le pécule adventice, s'éteignait pour lui. Enfin, l'enfant adoptif pouvait se marier sans être obligé de requérir son consentement.

L'adoption ne produisait jamais que des effets individuels, c'est-à-dire restreints à la personne de l'adopté. C'est un principe fondamental de la matière. Ainsi l'adopté sortait seul de sa famille. Les enfants qu'il avait eus antérieurement à son adoption restaient sous la puissance de leur aïeul. Bien plus, ils y acquéraient la même place que si leur père était prédécédé. Aussi, lorsqu'il s'agissait de leur mariage, le consentement de l'aïeul était toujours nécessaire, mais il suffisait ; car civilement leur père était un étranger pour eux. Cette situation pouvait, dans la suite, leur être profitable :

car étant sous la puissance immédiate du *paterfamilias*, ils devenaient *sui juris* à sa mort et, s'il n'avait pas pris la précaution de les instituer ou de les exhéréder, son testament était rompu.

Par suite d'une constitution des empereurs Dioclétien et Maximin, il est parfaitement établi que les droits de cité n'étaient nullement modifiés par l'adoption. (L. 7. *Code de adopt.* 8. 48.) De plus l'enfant adoptif conservait, dans tous les cas, sa patrie d'origine ; car on ne ne voulait pas que l'adoption procurât aux sujets de l'Empire un moyen de se soustraire aux charges de leur pays natal.

En ce qui concerne les dignités dont l'adopté était revêtu à son entrée dans sa famille nouvelle, l'adoption n'y changeait rien. Au contraire, elle lui était plutôt avantageuse, puisqu'elle lui assurait une part dans les honneurs et prérogatives auxquels son père adoptif avait droit, s'il remplissait une fonction publique. C'est la question qu'examine le jurisconsulte Paul dans la loi 55. (*D. de adopt.*, 1. 7.) Il devenait seulement étranger aux dieux domestiques et aux choses sacrées de sa famille, pour avoir part au culte des dieux lares et au rit de sa famille adoptive.

Il faut maintenant étudier les droits de successibilité auxquels l'adopté peut encore prétendre dans sa famille naturelle.

Comme nous l'avons vu déjà, l'adoption faisait subir un changement d'état à l'adopté qui cessait d'être l'agnat des divers membres composant sa famille naturelle. Dès lors, il ne pouvait plus être question pour lui de venir, soit dans l'ordre des héritiers siens, soit dans l'ordre des agnats, à la succession *ab intestat* du chef de famille, auquel il était désormais étranger d'après le droit civil. Si l'on se reporte au temps où les principes de la loi des Douze Tables, en matière de succession, étaient appliqués dans toute leur rigueur, on trouve une identité parfaite dans les situations qui étaient faites sous ce rapport à l'adopté et à l'émancipé.

Tout droit éventuel de succéder à l'un des membres quelconque de leur famille naturelle était également enlevé à l'un et à l'autre. Peu à peu le Préteur trouva moyen, dans son édit, de faire plier, au profit de l'émancipé et de ses enfants, l'inflexibilité des anciennes règles. En leur accordant le bénéfice de la possession de biens *unde liberi*, il arriva à ressusciter pour eux les droits d'héritier attachés à la qualité d'héritier sien.

Relativement à l'enfant adoptif, une distinction était nécessaire. S'il était resté jusqu'à la mort de son père naturel dans sa famille adoptive, le Préteur ne jugeait pas à propos d'intervenir en sa faveur, parce qu'il ne pouvait être considéré comme appartenant à deux familles. S'il en était sorti par l'émancipation, en droit pur il perdait toute espèce de droits dans l'une et l'autre famille ; mais le Préteur supposait qu'il avait été émancipé par le père naturel, et lui conférait le même bénéfice qu'à l'émancipé ordinaire, et dans le cas où il n'avait été ni institué, ni exhérédé, le Préteur lui accordait la *bonorum possessio contra tabulas*. Mais il y avait un cas où le bénéfice du droit prétorien lui faisait complétement défaut : c'était celui où il était sorti par l'émancipation de la famille adoptive, postérieurement à la mort de l'ascendant naturel. On l'avait décidé ainsi pour ne pas donner au père adoptif un moyen facile d'annuler le testament du père naturel, en émancipant l'adopté. (*Inst.* liv. 5, § 10, *de hœred. quœ ab int.*)

Voilà donc un cas où, même en droit, les enfants adoptifs pouvaient se trouver privés de toute garantie contre les dispositions testamentaires de leur ascendant naturel, à cause de leur présence dans une autre famille à son décès, ou de leur père adoptif, auquel l'émancipation les avait rendus complétement étrangers par la suite. C'est pour remédier à ces fàcheux résultats que Justinien a modifié les effets de l'adoption.

Tout autre mode d'affranchissement de la puissance de l'adoptant que l'émancipation, son décès, par exemple, n'eût pas suffi pour procurer à l'adopté le bénéfice du droit prétorien, parce que l'émancipation seule avait pour effet de le faire sortir de sa famille adoptive. Il y a plus, c'est que l'adopté, devenu *sui juris* par le décès de l'adoptant, ne pouvait plus sortir de la famille adoptive au moyen de l'émancipation, de sorte que l'obstacle à l'obtention du bénéfice prétorien se trouvait perpétué. Mais que décider à l'égard de son propre enfant? Pouvait-il, en l'émancipant avant la mort de son aïeul naturel, le mettre en état d'être admis par le Préteur à l'envoi en possession de biens *contra tabulas testamenti* de cet aïeul, si ce dernier ne l'avait pas institué ou exhérédé régulièrement. La rigoureuse application du principe que le Droit prétorien ne tenait aucun compte de l'émancipation émanée de l'ascendant naturel, voulait qu'on le considérât comme faisant encore partie de la famille adoptive. Toutefois le Préteur, d'après ce que nous apprend le jurisconsulte Africain, dans la loi 14, § 1. (*D. de bon. poss. cont. tab.* 37. 4), faisait une exception en sa faveur, et lui concédait le bénéfice de la possession de biens dans la succession de son aïeul naturel.

Supposons maintenant que le père naturel de l'enfant donné en adoption, n'avait pas fait de testament. Il fallait faire la même distinction que pour la succession testamentaire. L'enfant donné en adoption était-il, ou non, au moment de la mort de son père naturel, dans la famille adoptive? S'il y était, comme l'adoption en avait fait un héritier sien du père adoptif, il ne pouvait, à ce titre, avoir aucun droit à la succession du père naturel, ni en vertu du droit civil, ni en vertu du droit prétorien. Il n'y venait qu'à défaut d'héritiers siens et d'agnats par la *bonorum possessio unde cognati*. L'adoption n'avait, en effet, porté aucune atteinte aux liens du sang ; or, ce troisième ordre d'héritiers de création prétorienne, avait précisément pour base la parenté naturelle que le Préteur avait voulu préserver, dans une certaine mesure, de l'application trop rigoureuse des principes du pur droit civil sur la dévolution des successions *ab intestat*.

L'enfant donné en adoption avait-il été renvoyé de la famille adoptive par une émancipation, il n'avait plus de droits dans aucune famille, d'après le droit civil. Mais ici le droit prétorien considérait l'adoption comme émanée de l'ascendant naturel, et lui donnait la *bonorum possessio unde liberi*, qui lui permettait de venir à la succession de ce dernier.

Enfin, s'il avait été émancipé après la mort de l'ascendant naturel, cette émancipation, trop tardive pour exercer une influence sur la dévolution des biens de ce dernier, le mettait dans une situation telle qu'il était privé de ses droits successifs dans les deux familles. Si on lui eût permis de recueillir des droits de succession dans sa famille naturelle, on eût laissé ainsi l'adoptant disposer à son gré de la succession de l'ascendant naturel. Justinien, par une constitution que nous étudierons plus tard, a cru devoir porter remède à ce vice dans la législation.

Ainsi il résulte de ce que nous venons d'examiner que, par rapport à la succession testamentaire ou *ab intestat* du père naturel, on peut poser en principe : 1° que d'après le droit civil, l'enfant donné en adoption n'avait aucun droit successif; 2° en droit prétorien, il ne subissait cette exclusion qu'autant qu'il était encore dans la famille adoptive au moment où s'ouvrait l'hérédité de son ascendant naturel, avec ce tempérament toutefois qu'il pouvait se présenter en qualité de cognat à défaut d'héritiers siens ou d'agnats ; que s'il était sorti par émancipation de la famille adoptive, le droit prétorien qui n'en tenait pas compte et qui la supposait éma-

née du père naturel, l'aurait autorisé à venir à la succession, si elle était testamentaire, au moyen de la *bon. poss.
contra tabulas*, et si elle ne l'était pas, au moyen de la
bonorum possessio unde liberi.

Les principes généraux, que nous venons de rappeler dans
leur application avec l'adoption, n'étaient pas sans présenter des exceptions. Nous en avons déjà indiqué une relativement à l'enfant que son père avait émancipé, tout en res-
tant dans sa famille adoptive. Mais, avant d'aborder les autres, il n'est pas sans utilité de faire remarquer deux cas où
le caractère d'exception est plus apparent que réel. Tel est,
par exemple, le cas où un aïeul a donné en adoption, à son
fils émancipé, le petit-fils qu'il avait eu de lui avant son
émancipation. La loi 5, § 7. (*D. de bon. poss. cont. tab.*
57. 4) nous apprend que l'émancipé étant mort, puis
l'aïeul naturel de l'enfant donné en adoption, celui-ci sera
admis par le Préteur à la *possessio contra tabulas* si son
aïeul, ayant fait un testament, ne l'a pas institué ou exhérédé régulièrement, et à la possession *unde liberi* si cet
aïeul est mort *intestat*. Le § 8 de la même loi s'occupe du
cas inverse, où un enfant émancipé a donné en adoption, à
son père émancipateur, le petit-fils né depuis l'émancipation, et il décide aussi qu'en cas de mort de l'aïeul, puis du
fils émancipé, le petit-fils sera admis au bénéfice des deux
mêmes possessions de biens à l'égard de son père naturel,
quasi non sit in alia familia. Nous trouvons dans ces
derniers mots la raison de la décision : c'est qu'aux yeux
du Préteur, qui considère l'émancipation émanée d'un ascendant naturel comme non avenue, les enfants de l'émancipé ne sont pas censés changer de famille lorsque, par
adoption, ils passent de la puissance du père émancipé,
dans celle de l'aïeul émancipateur, et réciproquement.

La dérogation au droit prétorien se produisait d'une manière plus manifeste, lorsqu'un testateur avait institué

celui qui, sans l'adoption, eût été son héritier sien et omis un de ses héritiers siens ou de ceux appelés à ce rang. Assurément, l'enfant institué comme étranger ne pouvait puiser dans sa propre institution de quoi attaquer le testament par l'édit du Préteur ; mais si quelqu'autre héritier sien avait été omis et demandait la *bonorum possessio contra tabulas*, l'enfant donné en adoption, à cause de son institution, pouvait la demander aussi. Labéon approuve cette décision, en se fondant sur ce que cet enfant, en raison de son institution, n'était plus tout à fait un étranger. (L. 8, § 11. *D. de bon. poss. cont. tab.*) Ici l'exception consiste en ce que la rescision du testament donnant ouverture aux règles de la succession *ab intestat*, et l'enfant resté dans sa famille adoptive n'y ayant aucun droit, il aurait dû rester en dehors d'une hérédité à laquelle il n'était appelé que par la volonté irrégulièrement manifestée du testateur. C'est donc de ce cas où un autre enfant donne lieu à l'édit, qu'il faut entendre ce que dit Ulpien dans la loi 10 du même titre : Si le fils institué héritier s'est donné en adoption depuis la mort du testateur, il peut demander la possession de biens *contra tabulas*, parce que, ordinairement, l'adoption de l'héritier institué ne préjudicie pas aux héritiers inscrits.

Mais en pareil cas, pour que l'adopté fût admis à la *bon. possess. contra tabulas*, trois conditions étaient nécessaires : 1° Il devait avoir été personnellement institué héritier ; car il ne suffisait pas qu'il le devînt indirectement par une personne soumise à sa puissance ; 2° l'institution devait être régulière, et si elle était conditionnelle, il fallait que la condition se réalisât (L. 11. *D. h. t.*) ; 3° il devait également ne être pas précédé dans la famille naturelle par un ascendant héritier sien ou émancipé, et être héritier sien sans l'adoption.

Lorsque l'enfant donné en adoption était appelé à la possession de biens dans la famille naturelle, il était soumis en principe aux règles des héritiers siens et des émancipés ordinaires. Ainsi, il prenait dans la succession une part virile, lors même qu'il aurait été institué pour une part moindre. (**L. 8**, *in fine. D. de bon. poss. cont. tab.*) S'il avait volontairement accepté une part moindre, et qui fût celle pour laquelle il avait été institué, cette acceptation était considérée comme une ratification tacite de la volonté du testateur. (**L. 10, § 5. D. de bon. poss. cont. tab.**) Néanmoins, s'il n'était pas appelé au partage de la succession prétorienne, il était autorisé à conserver la portion pour laquelle il avait été institué, à moins qu'elle n'excédât la part qu'il aurait eue en vertu de la *bon. poss. cont. tab.* (**L. 14. D. de bon. poss. cont. tab.**) Si elle était plus forte, la protection que lui accordait l'édit *de leg. præstandis* n'allait pas au delà de la part virile. (5 et 7, *de leg. præst.* **D. 37, 5.**) Si l'enfant donné en adoption et institué par un ascendant naturel dans un testament entaché du vice de prétérition d'un autre enfant, avait fait adition par ordre de son père adoptif, il ne devait pas souffrir de cet acte de soumission à la volonté du chef de famille, et s'il venait à être émancipé, il n'en était pas moins recevable à demander la *possessio contra tabulas* dans le cas où son institution aurait réuni d'ailleurs les conditions de validité requises à cet effet. (**L. 10, § 2. D. de bon. poss. cont. tab. 37. 4.**)

A la règle que l'enfant donné en adoption, dans le cas où le Préteur l'admettait à la *bonorum possessio*, recueillait dans la succession de son ascendant, la même part que s'il fût resté en sa puissance, il y avait une exception remarquable. Si le fils était sorti de sa famille naturelle, et y avait laissé ses enfants, ceux-ci trouvaient dans leur titre d'héritiers siens une cause de préférence selon le droit civil, et lui en trouvait une dans la proximité de parenté. Comment alors aurait dû s'opérer le partage ? Ils auraient dû venir en concours, d'après ce que dit Salvius Julianus dans l'édit perpétuel, en ce sens qu'ils auraient dû partager par moitié la part virile que l'adopté eût recueillie seul, s'il fût resté dans sa famille naturelle. (L. 1, § 2. *D. de conj. cum. emancip. lib.* 57. 8.) Cette décision n'aurait pas eu d'application si le père et les enfants fussent les uns et les autres restés en puissance ou émancipés, ou si le père fût resté seul en puissance. C'était une sorte de transaction entre le droit civil qui, dans ce cas, ne reconnaissait que les enfants restés en puissance, et le droit prétorien qui, ne tenant nul compte de l'émancipation, ne voulait admettre que les enfants les plus proches du défunt , c'est-à-dire l'enfant donné en adoption.

Mais il n'y aurait pas eu lieu à ce concours , si le petit-fils eût été lui-même adopté pour fils dans la famille de l'ascendant à la succession duquel il pouvait venir, car alors il aurait eu une portion virile en entier, et son père donné en adoption aurait eu l'autre, pour laquelle il serait, venu en concours avec les petits-fils restés en puissance comme nés de lui, s'il s'en trouvait quelques autres. (L. 1, § 9. *De conj. cum. emancip., lib.*57. 8.)

Pendant que les héritiers siens étaient en puissance, toutes les acquisitions qu'ils faisaient profitaient à l'aïeul et grossissaient son patrimoine. Il était donc juste que l'adopté qui prétendait à la *bonorum possessio unde liberi* ou *contra tabulas* rapportât à ceux avec lesquels il partageait, par suite de la fiction qu'il était resté dans la famille naturelle, ce qu'il eût acquis au défunt sans son adoption. (L. 1, § 14. *D. de collat. bon.* 37. 6.) Il en était de même du père donné en adoption, qui concourait avec ses fils restés en puissance ; comme c'était à eux seuls qu'il causait préjudice, c'était à eux seuls qu'il faisait le rapport. Toutefois son obligation s'évanouissait si, au lieu de leur préjudicier, son intervention leur procurait un bénéfice. (L. 1, § 4. *de collat. bon.*)

Ainsi, les droits conservés par le Préteur à l'adopté étaient limités à la succession de l'ascendant naturel. Il n'avait plus rien à prétendre comme agnat dans la famille naturelle, car, comme nous l'avons fait remarquer, l'adoption rompait les liens d'agnation. Il était donc, par là même, déchargé de l'obligation de gérer la tutelle des membres de la famille à laquelle il avait cessé d'appartenir, toutes les fois que cette obligation avait sa cause dans la vocation du tuteur à l'hérédité du pupille. (*Inst.*, § 4. *Quibus modis tut. finitur.*)

II. *Effets de l'adoption vis-à-vis de la famille adoptive.* — Entre l'adoptant et l'adopté, l'adoption créait des relations de filiation et de paternité civiles. Mais les effets qu'elle produisait n'étaient pas limités à deux personnes. Il en résultait encore des liens d'agnation, c'est-à-dire de parenté civile entre l'adopté et les agnats de l'adoptant. Quant à ses cognats, s'ils ne lui étaient pas unis par les liens de la parenté civile, ils continuaient à rester étrangers à l'adopté.

Toutefois, vis-à-vis des agnats de l'adoptant, sa situation variait suivant qu'il était adopté à titre de fils ou de petit-fils. S'il avait été adopté à titre de fils, il était le frère des autres enfants de l'adopté et l'oncle de ses petits-enfants. Au contraire, s'il était entré dans la famille à titre de petit-fils, une subdivision était nécessaire. Etait-ce avec désignation d'un des enfants de l'adopté pour père, *quasi ex filio natus*, il occupait le rang de fils par rapport à celui-là, et de neveu par rapport aux frères du père désigné. Si c'était purement et simplement et sans désignation de père, *quasi ex incerto natus,* il était civilement le neveu de tous les fils de l'adoptant, et tout se passait comme s'il était né d'un fils prédécédé.

Or, la place qu'il occupait dans la famille adoptive n'était

3

pas indifférente au point de vue des effets de l'adoption. S'il n'était séparé par personne de son père adoptif, il devenait *sui juris* immédiatement après le décès de ce dernier ; tandis que s'il avait un père désigné, il tombait de la puissance de son aïeul dans celle de son père désigné. D'un autre côté, en l'absence d'intermédiaire, il était traité comme héritier sien. Mais s'il avait un père désigné, il n'était héritier sien que de celui-là. Ajoutons qu'en devenant *sui juris* par le décès de l'un ou de l'autre, suivant la distinction que nous avons faite, cet affranchissement de la *patria potestas* ne l'en laissait pas moins dans la famille adoptive et il n'en pouvait sortir que par une adrogation.

Comme conséquence de notre distinction, l'adopté qui était entré dans la famille avec le titre de fils, devait, s'il voulait se marier, demander le consentement de son père adoptif. S'il y était entré avec désignation d'un des fils pour père, il devait obtenir le double consentement de son aïeul et de son père désigné, par application de la règle *ne invito suus hæres agnascatur*.

L'adoption avait aussi pour effet de créer certains empêchements de mariage. C'est ainsi que, pour l'adopté, comme pour l'enfant issu de justes noces, la prohibition s'étendait en ligne directe à l'infini. Au contraire, en ligne collatérale, elle était limitée au degré d'oncle, de tante, de neveu et de nièce. Néanmoins, ces prohibitions cessaient avec l'agnation, comme la prohibition de faire les fiançailles pour certains agnats placés à des degrés qui ne comportaient pas le mariage. (Loi 35. *D. de verb. oblig.* 45. 1.)

Parmi les exemples que nous pouvons donner à l'appui de cette règle commune à l'adoption et à l'adrogation, nous pouvons citer celui de la loi 12, § 4 (*D. de ritu nupt.* 23. 2) où il est dit que, si un père avait adopté une femme ayant une fille, le fils né du mariage de ce père adoptif, pouvait épouser cette fille, parce qu'elle restait dans la famille de son père. Mais s'il avait adopté un fils, il n'en était pas de même des enfants de ce fils. Sur ce point, il fallait faire plusieurs distinctions. Si cet homme était *alieni juris*, la fille conçue avant l'adoption appartenait à la famille du père naturel, et le fils pouvait l'épouser. Lorsqu'elle était conçue après, elle était dans la famille du père adoptif, et le fils ne pouvait l'épouser, car elle était sa nièce. On ne pouvait pas non plus épouser sa tante paternelle, *amitam*, dit le § 5 des *Inst.*, *licet adoptivam*. On a cru inutile de répéter la prohibition pour la tante maternelle, *materteram*, parce que la constitution de la famille ne comportait pas de tante maternelle par adoption. Cependant on pouvait épouser la sœur de son père adoptif, quand elle n'était pas du même père, c'est-à-dire, lorsqu'elle était sa sœur utérine. (Loi 12, § 4. *D. de ritu. nupt.* 23. 2.)

Il était encore important de savoir à quel rang l'adopté était entré dans la famille de l'adoptant, à cause des prohibitions de mariage, car elles étaient plus étendues s'il y était entré à titre de fils, que s'il y était entré à titre de petit-fils. Dans le premier cas, il était l'oncle, et le mariage était prohibé, tandis que dans le second, il n'était que cousin germain et le mariage était permis.

Outre le rapport de parenté, il en était d'autres que la convenance et l'honnêteté publique commandaient de respecter. Ainsi, l'adoptant ne pouvait épouser sa fille, même émancipée. Émancipait-il son fils adoptif, il ne pouvait pas davantage épouser sa femme devenue veuve ou divorcée. Mais il pouvait épouser la femme qui avait été mariée à son fils adoptif après l'émancipation. Le fils ne pouvait pas non plus épouser la mère ni la femme de celui qui avait été son père adoptif. (L. 14 et 55, § 1. *D. de ritu nupt.*)

La puissance paternelle qu'acquérait le père adoptif, était la même que celle du père naturel. Elle s'étendait, non-seulement à l'adopté, mais encore aux enfants qu'il

avait eus depuis son entrée dans la famille. Tous se trouvaient ainsi, sous l'autorité de l'adoptant et, passaient à sa
mort sous la puissance immédiate de l'adopté. En outre, ils
restaient civilement étrangers à la famille naturelle de leur
père, comme ceux qui étaient nés avant l'adoption restaient
étrangers à la famille nouvelle dans laquelle leur père était
entré.

Au nombre des droits que conférait la puissance paternelle résultant de l'adoption, il convient d'indiquer la défense faite à l'adopté d'appeler *in jus*, son père adoptif,
car aucune obligation civile ne pouvait naître entre un père
de famille et une personne soumise à sa puissance. (Loi 8.
D. de in jus vocando, 2. 4.)

Il y avait, en quelque sorte, entre elles une confusion de
personnes qui n'existait pas avec les ascendants de l'adoptant. (Loi 7. *D. id.*) Aussi l'adopté pouvait les actionner
sans recourir à l'autorisation du Préteur.

Ajoutons enfin cet autre effet du changement de famille.
L'adopté prenait le nom du père adoptif et ne conservait
celui de sa famille naturelle qu'en le transformant par la
terminaison *ianus*. Paul Emile, adopté par Scipion, s'appela *Scipio Emilianus* et Octave, adopté par César, s'appela *Cæsar Octavianus*.

Par rapport aux biens, la puissance paternelle n'était pas
moins absolue dans l'origine. Le fils de famille ne pouvait
rien acquérir qui ne fût acquis au père. (Gaius, *Com.* 2,
§ 87.) Il n'avait ni patrimoine distinct, ni hérédité. Il était
seulement détenteur d'un pécule dont on lui avait confié
l'administration, et qui, à sa mort, faisait retour au chef de
famille, soit naturel, soit adoptif, par droit de puissance
paternelle. Ce pécule était celui qu'on nommait le pécule
profectice, *quod proficiscitur a patre*.

Mais cette incapacité du fils de famille fut singulièrement
changée par l'attribution en propre aux enfants de certains

biens, sous le nom de *peculium castrense* (1), *quasi-castrense* (2), *adventitium* (3). L'adopté, comme l'enfant né *ex justis nuptiis*, acquérait la propriété des biens qui pouvaient lui échoir après son adoption, à titre de pécule *castrens* ou *quasi-castrens*. Tant qu'il vivait, il les administrait à son gré et en son propre nom. (L. 2. *de Senatusc. Maced.* 14, 6. *D.*) (L. 2. *D. de castrensi peculio* 49. 17.) A sa mort, ils revenaient au père *jure peculii*. Toutefois, le père n'acquérait le pécule *castrens* qu'autant que le fils n'en avait pas disposé par testament. Ce droit de tester ne lui était pas accordé dans l'ancien droit sur le pécule *quasi-castrens*, mais il le fut par suite des modifications importantes que Justinien apporta aux pécules

Nous venons d'exposer le droit primitif qui réglait la succession *ab intestat* du fils de famille, quant à son pécule *castrens* et *quasi-castrens*, et l'attribuait, en tous cas, au père de famille. Mais cet état de choses dura jusqu'à Justinien, qui décida que le pécule serait attribué en premier lieu aux descendants du défunt, en second ordre à ses frères et sœurs et enfin au père de famille. Seulement à quel titre le pécule lui advenait-il ? Etait-ce à titre de pécule ou de succession ? Voici ce qui est dit à propos des fils de famille qui avaient un pécule castrens. *Si intestati decesserint nullis liberis vel fratribus superstitibus apparentes corum*

(1) Le pécule castrens se composait de ce que le fils de famille acquérait à l'occasion du service militaire. Il datait d'Auguste.

(2) Le pécule quasi-castrens, institué par Constantin, consistait dans ce que certains officiers du palais pouvaient gagner dans l'exercice de leurs fonctions. Cette faveur fut étendue à certaines professions.

(3) Le pécule adventice comprenait tous les biens recueillis par les fils de famille dans la succession de leur mère, soit par testament, soit *ab intestat*.

jure communi pertinebit. (*Inst.* lib. 2, tit. 12 pr.) Ces mots *jure communi* signifient-ils *jure peculii* ou *jure hœre-ditatis?* Nous pensons qu'il faut les entendre dans le sens de *jure successionis.* Les enfants ou les frères du *de cujus* venaient certainement à titre d'héritiers. A leur défaut, c'était aussi à titre d'héritier que le père devait venir. N'eût-il pas été bizarre, en effet, que les biens recueillis par les enfants ou par les frères et sœurs *jure hœreditatis* n'eussent pas été déférés à ce titre, quand c'était le père qui était appelé à leur place.

Cette question avait une importance pratique très consi-lérable. Si le père recueillait ces pécules *jure hœreditatis,* comme successeur universel, il pouvait les réclamer par une action unique, la pétition d'hérédité. De plus, les créanciers pouvaient exercer contre le père. comme continuateur de la personne de son fils, les actions qu'ils avaient contre celui-ci, avec la même durée et le même nom. Au contraire, s'il arrivait *jure peculii*, il devait exercer, pour réclamer les pécules, autant d'actions qu'il y avait de biens distincts. En outre, les créanciers ne pouvaient agir contre le père que *de peculio*, et seulement pendant un an, après la mort du fils.

Si l'adopté se trouvait avant l'adoption être propriétaire d'un pécule castrens, ou quasi-castrens, il les emportait dans sa famille adoptive, et l'adoptant acquérait, sur eux, les droits éventuels qu'avait le père naturel. Seulement, s'il avait fait son testament sur ces biens, et qu'il eût été donna en adoption après l'avoir fait, son testament devenait *irri-tum*, par suite de la *minima cap. dem.* qu'il avait subie, à moins qu'il ne fût militaire, cas auquel son testament anté-rieur à l'adoption continuait d'être valable, par une faveur spéciale, *quasi ex novâ voluntate.* (L. 22. *D. de test. mil.* 29. 1.)

Quant au pécule adventice, l'usufruit en passait au père adoptif comme attribut de la puissance paternelle. et si l'adopté venait à prédécéder sans laisser d'enfants, ni frères, ni sœurs, c'était aussi au père adoptif qu'en était faite la dévolution à titre d'hérédité et non pas à titre de pécule. Le pécule profectice, aussitôt après l'adoption, revenait au père naturel, puisqu'il se composait de biens dont le père lui avait laissé précairement l'administration.

Il nous reste à traiter des droits éventuels que l'adopté pouvait avoir dans sa famille adoptive. Sous ce rapport, l'adopté était considéré en principe comme un enfant issu de justes noces. C'est là le principe fondamental dont nous avons successivement à faire l'application aux successions testamentaires, puis *ab intestat*.

Supposons d'abord qu'il s'agissait de la succession testamentaire de l'adoptant. Pour déterminer les droits de l'adopté héritier sien, deux hypothèses pouvaient se présenter. Si l'adoptant avait fait son testament postérieurement à l'adoption, avant Justinien, il était nul dans le cas où il n'aurait pas contenu d'exhérédation nominative pour les fils ou *inter cœteros* pour les filles et les petit-fils. Mais que se passait-il en cas d'omission? s'il s'agissait d'un fils, le testament était *ruptum*, tandis que pour les filles et les petits-fils, le testament n'était pas nul; seulement ils venaient en concours avec les héritiers institués pour une certaine portion. C'était ce que l'on appelait le *jus accrescendi ad certam portionem*, en ce sens qu'il y avait accroissement fictif du nombre des héritiers institués.

Mais, sous Justinien, l'adoptant, à moins qu'il ne fût un ascendant de l'adopté, n'était pas tenu d'instituer ou d'exhéréder l'adopté, puisqu'il était de principe, que l'adopté n'acquérait que des droits *ab intestat* à la succession de l'adoptant. Quant au père naturel, qui avait fait son testament et qui avait donné son enfant en adoption, il devait toujours l'instituer ou l'exhéréder, à moins qu'il n'eût été adopté par un ascendant. En ce cas, l'exhérédation devait toujours être nominative, sans distinction du sexe, ni du degré, et l'omission d'un enfant ou d'un petit-enfant, du moment où il pouvait venir à la succession *ab intestat,* emportait toujours rupture du testament. Mais il n'était plus question du *jus accrescendi,* qui pouvait appartenir aux filles et aux petits-enfants.

Toutefois, il y avait une exception pour le testament du militaire, dans lequel la simple omission équivalait à une exhérédation régulière, pourvu qu'il fût bien constant que telle était la volonté du testateur.

Dans le cas où l'adoptant avait fait son testament antérieurement à l'adoption, d'après le premier état du droit, la survenance d'un héritier sien avait pour effet de rompre le testament. (L. 8. *D. de inj. rupto irritove. test.* 28. 3.) Cette rupture fut longtemps sans remède; mais comme on en arriva à permettre d'instituer ou d'exhéréder par anticipation, il en résulta que le testament du père de famille cessa d'être exposé à une rupture certaine par suite de la survenance d'un héritier sien. Ce fut la loi Julia Velleia qui opéra cette réforme, d'où le nom de posthumes velléiens aux héritiers siens survenus après la confection du testament. Vis-à-vis des posthumes, la prétérition a toujours eu pour effet, indépendamment de toute distinction de sexe et de degré, de rompre le testament, à moins que l'enfant omis ne décédât avant le testateur, cas auquel le testateur accordait aux héritiers institués la possession de biens *contra tabulas.*

On s'est demandé alors si on pouvait prévenir cette rupture en exhérédant à l'avance ce futur adopté ou en l'instituant. Gaius n'en était pas d'avis. (*Com.* 2, § 158.) Le testament, dit-il, est rompu d'une manière absolue *omnimodo rumpitur.* Il n'y aurait aucune utilité à ce que l'adopté fût institué dans le testament. Quant à l'exhérédation, il est inutile d'en parler, puisqu'à l'époque de la confection du testament, l'adopté n'est plus au nombre des héritiers siens. (*Com.* 2, §§ 138. 140. Gaius.)

Mais Papinien et Scœvola admirent qu'un testateur pouvait impunément adopter la personne qu'il avait précédemment instituée. (L. 23, § 1. *de lib. et posth.* 28. 2. *D.*) (L. 18. *D. de inj. rupto irrit. test.* 28. 3.) En cela, ils étaient du même avis que Gaius et repoussaient comme lui l'exhérédation de celui qui, avant l'adoption, n'était pour l'adoptant qu'un étranger. Mais ils s'écartaient de son opinion, en ce qu'ils attribuaient à l'institution du futur adopté une efficacité que Gaius lui refusait. Papinien allait même plus loin ; après avoir supposé, dans la loi 23, qu'un père, ayant émancipé son fils et l'ayant ensuite exhérédé, l'avait adrogé, il ajoutait que l'exhérédation écartait le fils de la succession. Selon lui, le testament n'était pas rompu par cette adrogation. (L. 23. *D. de lib. et posth.* 28. 2.) Enfin Ulpien allait encore plus loin. Il acceptait l'exhérédation d'un fils par son père naturel, pendant que ce fils était dans une famille adoptive, et, après son émancipation, dit–il, l'exhérédation continuait à l'écarter. Cependant l'enfant placé dans sa famille adoptive n'était appelé ni par la loi à l'hérédité légitime des héritiers siens, ni par le Préteur à la possession de biens *unde liberi* dans la succession de son père naturel. Néanmoins il aurait pu venir à la *bonorum possessio unde cognati*, et c'était sans doute pour Ulpien un motif suffisant de maintenir l'exhérédation. (L. 8, § 10. *D. de bon. poss. cont. tab.* 37. 4.) Quant à l'exhérédation d'un étranger, elle ne lui nuisait pas, s'il était plus tard adrogé. Sur ce point, Ulpien nous dit qu'il était de l'avis de Marcellus.

Telles sont les limites dans lesquelles on pouvait éviter la rupture du testament par l'adoption. C'est pourquoi Justinien, en reproduisant la décision de Gaius, supprima le mot *omnimodo* et consacra par là la décision des

autres jurisconsultes. (*Inst.* § 1er. *Quibus mod. test. inf.*)
L'enfant adoptif, qui était exhérédé dans les formes légales, pouvait attaquer comme inofficieux le testament qui
le privait de ses droits, puisque les principes de l'adoption
accordaient à l'adopté, sur la succession de l'adoptant, les
mêmes droits qu'à un enfant légitime. Mais la *querela inofficiosi testamenti* n'était qu'une dernière ressource, un
ultimum remedium. On la refusait à l'adopté qui était
omis, parce que le Préteur lui venait en aide au moyen de la
possession *contra tabulas*. Par application du même principe, l'impubère adrogé, puis exhérédé par l'adrogeant, n'a-
vait pas non plus la *querela*, quoiqu'il eût été exhérédé sans
justes motifs. D'ailleurs, un sénatus-consulte Sabinien,
dont la date est peu connue, décidait, en effet, que celui qui
avait été donné en adoption par un père ayant trois enfants
mâles en le comptant, était en droit d'obtenir le quart des
biens de l'adoptant. Justinien, dans ses *Institutes*, liv. 3,
tit. 1er, § 4, abrogea les dispositions de ce sénatus-consulte.
La législation de ce prince rendait cette quarte inutile, puisque l'adopté ne perdait ses droits que dans sa famille naturelle, et qu'il n'acquérait sur les biens de l'adoptant que des
droits de succession *ab intestat*, sans pouvoir se plaindre si
le père adoptif, ayant fait son testament, ne lui avait rien
laissé.

Avant Justinien, si quelqu'un voulait préserver son testament de la rescision, il fallait qu'il assurât le quart de la
part qu'aurait eue *ab intestat* l'héritier ou le légataire, à
moins qu'en cas d'insuffisance, il n'eût ordonné de compléter
ce quart. Sous Justinien, cette volonté est toujours présumée, de sorte que ce ne sera plus la *querela* qui sera donnée, mais une action en complément. Cette portion légitime
dérive de la Falcidie et peut être considérée comme le point
de départ de notre réserve actuelle. L'analogie est encore
bien plus grande, lorsque Justinien décide qu'un testateur

ne pourra plus disposer à l'avenir que de la moitié de ses biens, quand il laissera moins de quatre enfants, et du tiers, quand il en laissera quatre au moins. (Nov. 118. Cap. 1.)

Si l'adoptant était mort *intestat,* l'adopté, ayant les mêmes droits qu'un enfant né de justes noces, était admis à la possession de biens *unde liberi.* S'ils étaient plusieurs héritiers au même degré, le partage avait lieu par tête. Au contraire, s'il y en avait du premier et d'autres d'un degré plus éloigné, le partage avait lieu par souche.

Ces principes s'appliquaient rigoureusement lorsque l'adoptant était ingénu. Mais ils souffraient une exception remarquable, si c'était un affranchi. En effet, la loi des Douze Tables donnait l'hérédité d'un affranchi tout entière à l'héritier institué, s'il y avait un testament. S'il n'y en avait pas, les héritiers siens d'abord étaient appelés à la recueillir, puis le patron et subsidiairement les enfants du patron. En sorte que l'institution d'un héritier ou la présence d'un enfant adoptif avait pour effet d'écarter le patron. Mais le Préteur pensa qu'il n'était pas juste de laisser l'affranchi libre d'enlever arbitrairement la succession au patron, et il décida, par l'édit, qu'en cas d'institution, il admettrait le patron à la possession de biens *contra tabulas,* et, en cas d'adoption, à la possession de biens *unde legitimi,* dans les deux cas, pour moitié des biens composant la succession testamentaire ou *ab intestat.* Toutefois cette disposition était étrangère à la patronne ainsi qu'aux descendants du sexe féminin du patron, et leurs droits restaient régis par la loi des Douze Tables, c'est-à-dire que la succession de l'affranchi ne leur était dévolue qu'à défaut d'institué ou d'héritier sien, même adoptif. Gaius (*Com.* 3, §§ 46. 49. 50.) nous apprend que la loi Papia Poppœa étendait les dispositions de l'édit en faveur des filles et petites-filles agnates du patron qui avaient eu trois enfants, et qu'elle donnait les mêmes droits à la pa-

tronne ingénue qui en avait eu deux et à la patronne af-
ranchie qui en avait eu trois.

Justinien, par une constitution obscure et diffuse, dont
l'analyse est aux *Institutes*, régla d'une manière nouvelle la
succession des affranchis. Il y conserva au patron la succession *contra tabulas,* mais seulement pour un tiers dans la
succession testamentaire de l'affranchi (liv. 3, tit. 7, § 3),
et il se tut relativement à la succession *ab intestat,* si l'héritier sien était un enfant adoptif. De là la question de savoir
si cette constitution était un retour absolu aux règles de la
loi des Douze Tables, qui ne distinguait pas entre l'enfant
naturel et l'enfant adoptif, ou si elle maintenait implicite-
ment les dispositions du droit honoraire, étendues par la loi
Papia Poppœa. Nous pensons que cette constitution, ayant
établi un nouvel ordre complet de succession d'affranchis,
doit se suffire à elle-même et qu'on ne doit pas se référer
sur ce point aux législations antérieures. D'une part, le silence de Justinien à l'égard d'un seul des points régis par le
droit antérieur, et d'autre part, l'intention annoncée d'assi-
miler la succession des affranchis à celle des ingénus nous
font penser, que dans le droit de Justinien, l'enfant adoptif
devait jouir du même privilége qu'un enfant issu de justes
noces, et écarter par là de la succession de l'affranchi le
patron et ses descendants.

Les liens, créés par l'adoption entre l'adopté et la famille
civile de l'adoptant, dont nous avons déjà parlé, donnaient à
l'adopté des droits éventuels à la succession des agnats de
l'adoptant, soit en vertu du droit civil, soit en vertu du droit
prétorien. Mais les effets de l'adoption, quant à la création de
la parenté, ne dépassaient pas les limites de la famille civile.
Toutefois, dans un sens plus large, la cognation embrassait
aussi, outre les liens du sang, tous les parents faisant partie
de la même famille. C'était une conséquence de l'agnation.
On était à la fois agnat et cognat : *qui in adoptionem da-*

tur his quibus adgnascitur et cognatus fit, quibus vero non adgnascitur nec cognatus fit. (L. 23. *D. de adopt.* 1.7.) A ce titre, l'adopté était admis à se présenter à la succession des agnats dans l'ordre des agnats, et aussi dans l'ordre des cognats, au moyen de la possession de biens *unde cognati.* Disons de plus, qu'à l'égard de ses frères, il pouvait même intenter la *querela inofficiosi testamenti,* dans le cas où le testament de l'un 'd'eux l'aurait dépouillé injustement, et où il se serait vu préférer des personnes peu honorables. (*Inst.* § 1. *de inoff. test.*)

Si l'adopté acquérait, en qualité d'agnat, des droits éventuels sur les biens des membres de la famille adoptive, il était équitable qu'il fût aussi soumis aux charges qui sont une juste compensation de ces droits, comme celle de gérer la tutelle. L'adopté pouvait donc devenir le tuteur de ceux de ses agnats dont il était l'héritier présomptif, toutes les fois qu'il y avait lieu à tutelle légitime, à moins qu'il n'eût quelque excuse à faire valoir, ou qu'il n'en fût écarté par quelque cause d'incapacité telle que celle tirée de l'âge ou du sexe.

Nous constaterons ici que c'était déjà par l'application des mêmes principes, qu'avant Justinien, les enfants adoptifs du patron étaient appelés à la tutelle légitime de ses affranchis.

§ IV. Des modes de dissolution de l'adoption.

L'adopté sortait de sa famille adoptive par une émancipation ou par une autre adoption. Il en était de même que pour l'enfant issu de justes noces, qui sortait de sa famille naturelle.

Dans le cas où le père adoptif venait à mourir avant son enfant, celui-ci devenait bien *sui juris,* mais il n'en restait pas moins dans sa famille, soit naturelle, soit adoptive.

(L. 9. *D. de bon. poss. cont. tab.* 37. 4.) Ainsi, tous les modes d'extinction de la puissance paternelle ne dissolvaient pas l'agnation. L'émancipation et l'adoption seules produisaient ce résultat. C'est donc seulement de ces modes d'affranchissement de la puissance paternelle qu'il faut entendre ces mots de la loi 15 (*D. de adopt.* 1. 7.), *in omni fere jure, finita patris adoptivi potestate, nullum ex pristino retinetur vestigium.*

Les effets de la dissolution de l'adoption variaient à l'égard des enfants adoptifs suivant le mode de dissolution.

Commençons par l'émancipation : il y avait, sur ce point à distinguer si l'enfant avait été adopté par un étranger ou par un ascendant resté dans sa famille naturelle. S'agissait-il de l'émancipation faite par un étranger, tous les effets de l'adoption s'évanouissaient. (L. 14. *D. de adopt.* 1. 7.) Les prohibitions de mariage subsistaient seules par des raisons de convenance. C'est ce que la loi 15 (*de adopt. D.* 1. 7.) veut dire par ces mots *in omni fere jure.* En conséquence de la disparition de tous les autres effets de l'adoption, l'adoptant pouvait se dispenser d'instituer ou d'exhéréder l'adopté dans son testament. Aussi bien les prérogatives auxquelles l'adoption avait donné ouverture disparaissaient pour l'adopté. (L. 15. *D. de adopt.* 1. 7. L. 6 et 7. *D. de senator.* 1. 9.) ; il cessait d'être de la cité du père adoptif, au point de vue des droits et des charges. (L. 16. *D. ad municip. et de incolis.* 50. 1.) Mais les effets ne cessaient que vis-à-vis de l'adopté, car les enfants qu'il avait eus en légitime mariage, pendant sa présence dans la famille adoptive, continuaient d'y demeurer. L'émancipation de leur père était un fait qui leur était complètement étranger, et il fallait, pour chacun d'eux, une émancipation séparée.

En rompant l'agnation, l'émancipation dépouillait l'adopté des droits éventuels qu'il avait à la succession de l'adoptant. Par là, l'obstacle qui l'excluait de l'hérédité de son ascendant

naturel était levé et, pourvu que l'émancipation eût précédé
la mort de l'ascendant naturel, le Préteur, qui la considérait
comme émanant de lui, l'admettait, soit à la possession de
biens *contra tabulas*, soit à la possession de biens *unde
liberi*. (Gaius. *Com.* 2. § 157.) Paul fait allusion à ce bénéfice du droit prétorien dans la loi 6, § 4. (*D. de bon. poss.
cont. tab.* 37. 4.) Mais pour rendre l'adopté étranger à sa
famille adoptive, il fallait une émancipation ou une nouvelle
adoption, et si le père adoptif était prédécédé, l'adopté ne
pouvait plus sortir de la famille que par une adrogation.

Si l'enfant, après avoir été adopté par un ascendant resté
dans sa famille naturelle, avait été émancipé par celui-ci, il
recouvrait personnellement dans sa famille naturelle la même
position que s'il en fût sorti pour la première fois par une
émancipation. Quant aux enfants qu'il avait eus pendant
l'adoption, ils restaient dans la famille adoptive. Ulpien nous
cite une espèce de ce genre dans la loi 1 § 7. (*D. de bon.
poss. cont. tab.* 37. 5.) Une personne, ayant un fils et, de
lui un petit-fils, a émancipé son fils pour l'adopter comme
petit-fils, puis l'a émancipé de nouveau. On demande si cet
enfant fera obstacle au petit-fils. Avant la deuxième émancipation, non, puisque l'adoption ne lui a donné que les
droits d'un petit-fils. Après cette émancipation, pas davantage, et il vient concourir avec lui, non plus comme petit-
fils adoptif, titre qu'il a perdu par l'émancipation, mais
comme fils et en vertu de l'édit nouveau *de conjungendis
cum emancipato liberis*. Supposons un petit-fils adopté
comme fils, puis émancipé. Tant que durera l'adoption, il
sera dans la famille de son aïeul comme s'il était son fils.
Une fois l'adoption dissoute, la qualité de petit-fils reparaitra
et il n'obtiendra pas la possession de biens comme fils du
défunt, mais comme petit-fils. D'ailleurs le fils prétendu tel,
par la fiction de la loi, ne l'est pas en réalité, et le titre et les
droits qu'il tenait de l'adoption ont été anéantis par l'éman-

cipation. En un mot, l'enfant, rentré dans sa famille naturelle au moyen d'une adoption, se trouvera dans la même
situation que, s'il était renvoyé pour la première fois de sa
famille naturelle, au moyen d'une émancipation.

L'adoption pouvait se dissoudre au moyen d'une nouvelle
adoption, soit que l'adopté eût été de nouveau donné en
adoption par le père adoptif, soit que le père adoptif se fût
donné en adrogation, soit enfin que l'enfant adopté devenu
sui juris par le prédécès du père adoptif se fût lui-même
donné en adrogation. Si l'adopté avait été donné en adoption par le père adoptif, tout se passait à l'égard de la première famille adoptive, comme s'il en fût sorti par une
émancipation, et à l'égard de sa nouvelle famille adoptive et
de sa famille naturelle, comme s'il eût été directement et
pour la première fois donné en adoption par son ascendant
naturel.

La *media* ou la *maxima cap. dem.* que subissait l'adopté
faisait aussi évanouir l'adoption, car la première condition
pour exercer les droits de famille attachés à l'agnation et
même à la simple cognation, c'était d'avoir la cité romaine
et surtout la liberté. Si elles étaient encourues par le père
adoptif, leur seul effet était de faire cesser la puissance
paternelle.

Rappelons, en terminant, qu'une fois l'adoption dissoute,
elle ne pouvait plus avoir lieu entre les mêmes personnes.
(37, § 1. *D. de adopt.* 1. 7.) Le père naturel seul avait la
faculté de recouvrer la puissance paternelle, par une nouvelle adoption, sur son enfant émancipé ou donné en adoption. (L. 12. *D. de adopt.*)

§ V. Réforme de Justinien.

Dans l'ancien droit, l'enfant qu'on adoptait, devenait étranger à sa famille naturelle et n'y pouvait plus prétendre aucun

droit, à moins que dans l'ordre des cognats, et, par conséquent, dans le cas très-rare d'absence d'héritiers siens et d'agnats. Mais, s'il était renvoyé de sa famille adoptive par une émancipation, il lui devenait complètement étranger et se trouvait ainsi en dehors des deux familles. C'était là un vice auquel le Préteur avait porté remède dans une certaine mesure, en supposant que l'émancipation venait de son ascendant naturel. Aussi l'appelait-il à la succession de son ascendant naturel au moyen des possessions de biens *contra tabulas* et *unde liberi*. Toutefois, cet envoi était subordonné à la condition que la succession de cet ascendant ne se fût pas ouverte pendant la présence de l'adopté dans sa famille adoptive. Quant à la succession des autres membres de sa famille naturelle, il n'y arrivait pas plus avant qu'après son émancipation, si ce n'est dans l'ordre éloigné des cognats, car il avait cessé d'être leur agnat, et ni le Préteur, ni pendant longtemps les constitutions impériales n'avaient introduit aucun parent dans l'ordre des agnats.

L'empereur Anastase fut le premier qui, par égard pour la situation des émancipés, décida qu'ils seraient appelés à la succession légitime. Il limita, il est vrai, leur part à la moitié de celle des autres dans la succession légitime de leurs frères et sœurs. C'était là un progrès, et Justinien en fit un autre en y substituant l'égalité complète entre frères et sœurs.

C'est également Justinien qui, par la constitution dont nous avons parlé, introduisit une modification dans l'adoption ordinaire, pour assurer à l'enfant adopté des droits de succession qui lui étaient enlevés par une émancipation postérieure à la mort de son père naturel. Il distingua entre l'adoption faite par un ascendant paternel et celle faite par un étranger, c'est-à-dire par une personne autre que par un ascendant.

L'adoptant était-il étranger à l'adopté, celui-ci restait

4

dans sa famille naturelle et y gardait tous ses droits, sauf
dans le cas où il était primé par son père au décès de son
avus naturalis. Il n'entrait ni sous la puissance ni dans la
famille de l'adoptant ; il avait seulement un droit d'hérédité
sur la succession *ab intestat*. Cet unique avantage lui laissait la faculté d'attaquer le testament du père naturel, mais
non pas celui du père adoptif. D'ailleurs, la puissance paternelle restait toujours la même. Ajoutons, du reste, que ces
droits n'avaient rien de réciproque, et que l'adoptant n'avait
lui-même aucun avantage. C'est ce que les commentateurs
ont désigné sous le nom d'adoption *minus plena*, par opposition à l'adoption *plena*, que nous allons examiner.

Lorsque l'adoption émanait d'un ascendant, ou d'un aïeul
maternel, ou d'un père émancipé à qui l'aïeul émancipateur
rendait son fils en adoption, ou d'un fils émancipé qui donnait son enfant, né depuis l'émancipation, en adoption à son
aïeul, elle produisait les anciens effets, et l'adopté n'avait
pas le droit d'attaquer le testament de son père naturel. Il
avait uniquement sur la succession *ab intestat* les droits
que le droit civil et le droit prétorien lui reconnaissaient.
Mais dans la famille adoptive, l'ascendant avait la puissance
paternelle sur l'adopté, et l'enfant obtenait des droits de succession légitime.

Toutefois, l'émancipation pouvait enlever à l'adopté tous
les avantages dont il jouissait dans la famille de l'adoptant.
Alors il acquérait tous les droits qu'il avait dans sa famille
naturelle où il ne pouvait plus figurer comme héritier sien.
(L. 10, § 4. *de adopt. Code* 8. 48) : *maneant omnia jura
adoptiva ei intacta.*

Telles sont les règles qui régissaient encore l'adoption à
l'époque où la constitution de Justinien fut promulguée.
L'étendue de notre sujet nous a forcé de limiter nos déve-
loppements au côté le plus original de l'adoption, c'est-à-
dire aux règles qui se rapportent à la période du droit Ro-

main où la constitution de la famille a été conservée dans toute son énergie primitive.

Nous croyons devoir dire ici, pour être complet, qu'a-- vant Justinien la législation avait été modifiée dans le sens d'un retour plus ou moins marqué vers le droit na- turel, quant à la dévolution des biens par succession, et que l'adoption avait dû s'en ressentir. Mais c'est surtout la novelle 118, qui a apporté des changements aux prin- cipes que nous avons exposés, à cause de la prédominance définitive et complète qu'accorde cette novelle à la parenté naturelle dans la transmission des hérédités *ab intestat*.

CHAPITRE DEUXIÈME.

DE L'ADROGATION.

---

§ 1. De sa définition et de sa forme.

L'adrogation était un acte solennel, en vertu duquel un chef de famille passait, avec tous ses biens et ses enfants, sous la puissance d'un autre chef de famille.

C'était un des actes les plus importants de la vie civile en ce qu'il supprimait une famille et anéantissait son culte domestique. Nous ne devons donc pas nous étonner qu'on ait exigé pour sa perfection le concours du pouvoir religieux et celui du pouvoir législatif.

Pour procéder à une adrogation, les Pontifes se livraient à une enquête, dans le but de s'assurer si elle était *honesta* et si les parties réunissaient les conditions voulues par la loi.

L'enquête étant terminée, un Pontife, de ceux qui assistaient aux comices, en rendait compte et indiquait si l'adrogation paraissait *honesta*, et si les parties réunissaient les conditions exigées par la loi. Ensuite on demandait à l'adrogeant, s'il consentait à prendre tel citoyen pour fils légitime, au citoyen qui se donnait en adrogation, s'il voulait le devenir, et au peuple, s'il l'ordonnait. (Gaius, *Com.* 1er, § 99.) Lorsque toutes ces formalités étaient remplies, si le collége des Pontifes, dont l'intervention s'explique parfaitement,

comme dit Heineccius, *quia adoptivi relictis sacris fami-
liæ in alterius gentis sacra transibant,* ne s'y opposait
pas, l'adrogation avait lieu.

C'est de ces diverses questions, adressées à l'adrogeant,
à l'adrogé et au peuple, que Gaius fait dériver le nom d'a-
drogation. Aulu-Gelle, dans ses *Nuits attiques,* lib. 4,
cap. 19, nous a transmis l'interrogation faite au peuple. La
proposition qui était faite au peuple, portait le nom de *roga-
tio,* et le peuple l'acceptait ou la repoussait, par l'inscription,
sur le bulletin de vote, des lettres U. R. (*uti rogas*), pour
le vote approbatif; ou de la lettre A. (*antiquo,* je repousse),
pour le vote négatif.

Le motif de cette sanction du peuple nous est encore
donné par Heineccius, *quia adrogati sperabant hæredi-
tatem.* Seulement sa forme a varié. Dans l'ancien droit,
c'était le peuple, assemblé par curies, qui prononçait l'adrogation. Après la substitution des comices par centuries
aux comices par curies, ces derniers conservèrent encore la
portion du pouvoir législatif relative au culte et aux anciennes institutions. Mais, vers la fin de la république, cette
loi curiate qui avait été la véritable expression de la volonté
du peuple, devint une pure fiction, et la validité de l'adoption fut subordonnée à l'assentiment de trente licteurs, re-
présentant les trente curies. Cicéron, du reste, en parlant
de l'adrogation de Clodius, constate qu'elle se termina en
trois heures, ce qui laisse supposer que le peuple n'était
pas appelé à voter. (*Oratio pro domo ad pontif.*) Nous
trouvons également, dans Tacite, la preuve que l'adrogation
se faisait en présence des pontifes, mais non devant le
peuple assemblé dans ses comices. (*Hist.* Tac. lib. 1, § 15.)

Nous ne pouvons guère préciser l'époque à laquelle cette
forme de procéder pour l'adrogation a disparu de la législation romaine. Nous savons seulement qu'elle existait du
temps de Gaius et d'Ulpien, dont les écrits en parlent en-

core. Il n'y avait rien, d'ailleurs, dans ces attributions minimes du pouvoir législatif, qui pût gêner le despotisme impérial. Aussi la substitution de l'autorité impériale à celle du peuple ne nous apparaît, pour la première fois, que sous Dioclétien et Maximin, dans deux constitutions qui forment les lois 2 et 6. (*Code de adopt.* 8. 48.)

A partir de ce moment, rien ne s'opposa à ce que l'adrogation pût avoir lieu dans les provinces. (Ulp. *reg.* tit. 8, § 4. L. 6. *Code de adopt.* 8. 48.) L'enquête se faisait alors par un magistrat, et l'empereur n'avait plus qu'à rendre sa décision.

Le consentement de l'adrogeant et celui de l'adrogé suffisaient en principe pour que l'adrogation pût avoir lieu. Mais il y avait un cas, celui où l'adrogé entrait dans la famille adoptive à titre de petit-fils et avec désignation d'un fils de l'adrogeant pour père, dans lequel le fils de l'adrogeant devait donner son consentement, à cause de la règle : *nemini invito suus hœres adgnascatur.* Ce n'était pas que l'adrogation, à laquelle il n'aurait pas donné ce consentement, fût nulle ; seulement elle n'aurait pas eu pour effet de mettre l'adrogé en la puissance du père qui lui était désigné. (L. 10 et 11. *D. de adopt.* 1. 7.)

Mais la règle qui limitait aux personnes de l'adrogeant et de l'adrogé la nécessité du consentement a reçu deux exceptions sous l'Empire. Ainsi Modestin nous dit que l'empereur Claude a exigé l'assentiment du curateur pour l'adrogation des mineurs de vingt-cinq ans. (L. 8. *D. de adopt.* 1. 7.) En outre, lorsque l'adrogation d'un impubère eut été autorisée, on exigea, pour sa validité, l'intervention de son tuteur et même de tous ses tuteurs, s'il en avait plusieurs. (L. 5. *Code de auct. præst.* 5. 59.)

Rappelons ici que, pas plus que l'adoption proprement dite, l'adrogation ne pouvait se former *per procuratorem,* et ne comportait ni terme, ni condition. (L. 24 et 25. *de adopt. D. 1. 7; 77 et 125 de reg. juris. 50. 17. D.*)

§ II. De ses conditions.

Les mêmes conditions que nous avons vues requises dans la personne de l'adoptant, l'étaient aussi dans la personne de l'adrogeant. Néanmoins, il y avait des restrictions importantes. Il fallait que l'adrogeant eût soixante ans, et on ne dérogeait à la règle générale qu'eu égard à des circonstances particulières, fondées sur son état de santé et sa parenté avec l'adrogé. (L. 15, § 2 et 17, § 2. *de adopt. D. 1. 7.*) Si l'adrogeant avait déjà des enfants naturels, ou même adoptifs, on ne devait pas permettre que cet acte détruisît leurs espérances. La même considération s'opposait à ce que l'on pût adroger plusieurs personnes, sans justes motifs. (L. 17. § 5. *D. de adopt. 1. 7.*) C'est là ce qui explique l'utilité de la *cognitio causæ*, préalable à l'adrogation. Mais, bien que cette prohibition ne fût pas spéciale à l'adrogation, elle semblait cependant devoir lui être appliquée avec plus de rigueur qu'à l'adoption ordinaire.

Enfin, ni l'ex-tuteur, ni le curateur n'étaient admis à adroger un mineur de vingt-cinq ans. On craignait, avec juste raison, que l'adrogeant ne cherchât, dans l'adrogation, un moyen de se soustraire à une reddition de comptes ou d'en cacher les inexactitudes. (L. 17. *pr. D. de adopt. 1. 7.*) Toutefois, par un rescrit, Antonin avait permis au beau-père tuteur d'adroger son beau-fils *privignus*, parce qu'ici les motifs de suspicion n'existaient plus au même degré. (52, § 1, *h. t.*)

Ce que nous venons de dire, s'appliquait aux personnes qui voulaient adroger. Examinons maintenant quelles conditions l'adrogé devait réunir. Il devait être citoyen romain, *sui juris*, car la qualité d'étranger était exclusive de la puissance paternelle. (Gaius, *Com.* 1er, § 55.) Il fallait, en outre, qu'il eût la capacité d'assister aux comices. Telle était la raison pour laquelle les femmes et les impubères ne pouvaient être adrogés. Aucun d'eux n'avait la *communio comitiorum*. (Aulu-Gelle, tit. 5. cap. 19.) Vis-à-vis de l'impubère, il y avait une raison de plus d'interdire l'adrogation, c'était l'incapacité générale, résultant de son jeune âge, incapacité que ne pouvait lever son tuteur, sans outrepasser ses pouvoirs. Il en était encore ainsi pour la femme, au temps de Gaius (*Com.* 1er, § 101) et même d'Ulpien. (Ulp. tit. 8. § 5.) Mais quand l'adrogation put se faire par un rescrit impérial, la cause disparut et, alors, l'adrogation fut permise aux femmes. (L. 8. *in fine. Code de adopt.* 8. 48.) Gaius, cependant, dit qu'avant lui, la prohibition d'adroger les impubères n'était pas absolue, et qu'elle était, tantôt défendue, tantôt permise, suivant que les Pontifes et les comices en décidaient, car ils n'étaient enchaînés par aucune loi positive. (Gaius. *Com.* 1er. § 102.) Quoi qu'il en soit à cet égard, il est certain qu'Antonin, par une constitution, a permis cette adrogation, mais en la soumettant à des règles spéciales que nous nous proposons d'étudier.

Nous savons qu'un affranchi pouvait adopter ou adroger ; mais pouvait-il être adrogé ? Si l'on avait permis d'une manière absolue, et sans aucune restriction, l'adrogation des affranchis, on leur eût ouvert une voie pour faire irruption dans la classe des ingénus, et de plus, c'eût été une atteinte très grave aux droits du patron. Aussi les lois 49 (*D. de bonis libert.* 38. 8. et 10, § 2. *de in jus vocando, D.* 2. 4.) décidaient que, si l'adrogation avait été surprise ou obtenue par ruse, elle ne nuisait en rien aux droits du patron. De ces motifs était née cette distinction que l'adrogation d'un affranchi pouvait avoir lieu de la part de son patron, et non de la part d'un étranger ; encore fallait-il, dans le premier cas,

que le patron donnât un juste motif à cette adrogation, et
qu'elle ne conférât jamais à l'affranchi la qualité d'ingénu.
(*Nuits attiques*, 5. 19. Aulu-Gelle ; L. 27. *D. de statu
hominum*, 1. 5 ; L. 46. *D. de adopt.* 1. 7.)

On a pu aussi, jusqu'à une certaine époque, adroger
les enfants naturels, c'est-à-dire ceux nés du concubinat ; c'était pour eux une sorte de légitimation. C'est
ainsi que l'envisageait Ulpien dans la loi 46. (*de adopt.
D.* 1. 7.) On trouve même au Code (L. 6. *de nat. lib.* 5.
27) une constitution d'Anastase, qui permettait l'adrogation
de ces enfants, afin de leur procurer le bienfait de la légitimation. Mais l'empereur Justin la prohiba pour l'avenir,
en maintenant celles précédemment faites. (L. 7. *de nat.
lib. Code* 5. 27.) Justinien, de son côté, confirma cette
prohibition au nom des bonnes mœurs et de la faveur due
au mariage.

§ III. Effets de l'adrogation.

Les longs détails dans lesquels nous sommes entrés, relativement aux effets de l'adoption proprement dite, qui étaient
le plus souvent communs à l'adrogation, nous permettront
de n'y pas revenir. Aussi n'insisterons-nous que sur ceux
propres à cette dernière institution.

L'adrogation faisait passer l'adrogé sous la puissance paternelle et dans la famille de l'adrogeant. Mais ici cet effet ne
se bornait pas aux deux parties contractantes. Les enfants de
l'adrogé y entraient également *tanquam nepotes*, de telle
sorte que la famille de l'adrogé se trouvait complètement
confondue et absorbée dans celle de l'adrogeant. (Gaius,
§ 107. *Com.* 1er.) Il n'y avait aucune distinction à faire entre
les descendants naturels et adoptifs. C'est pourquoi, nous
disent les *Institutes* (§ 11, *de adopt.*), Auguste attendit,

pour adopter Tibère, que ce dernier eût adopté Germanicus, afin qu'aussitôt après l'adoption, Germanicus se 'trouvât le petit-fils d'Auguste.

Nous en avons fini avec ce qui regarde les effets de la puissance paternelle sur la personne des enfants. Nous allons maintenant examiner les droits sur les biens.

Dans l'origine, lorsque tous les droits se trouvaient concentrés dans la seule personne du chef de famille, l'adrogation avait pour effet de transférer à l'adrogeant la propriété des biens de l'adrogé. (L 15. *D. de adopt.* 1. 7.) Mais, par une conséquence naturelle et nécessaire des modifications apportées aux effets de la puissance paternelle, l'adrogé conservait les biens formant le *peculium castrense* et *quasi-castrense* et transférait à l'adrogeant l'usufruit seulement des biens désignés sous le nom de pécule adventice. Il n'en acquérait la propriété que si l'adrogé mourait *in adoptivâ familiâ*, sans laisser aucun héritier que les constitutions mpériales appelassent avant l'adrogeant.

L'adrogation produisait une *minima cap. dem.*, dont les effets étaient, avant Gaius, d'éteindre l'usufruit, les servitudes personnelles et la créance ayant pour objet les services d'un affranchi. Mais sous Justinien, l'usufruitier ou l'usager qui se donnait en adrogation conservait son droit, et il n'y avait que les *operarum obligationes* qui s'éteignissent. Enfin il mentionne dans ses *Institutes,* livre 5, tit. 10, § 1, ce que Gaius ne fait pas, le *jus agnationis*, comme s'éteignant par la *minima cap. dem.* qu'il a encourue, de sorte que l'adrogé emportait avec lui dans sa famille adoptive le petit nombre de créances que la *minima cap. dem.* avait laissé subsister.

Quant aux dettes, il y avait une distinction à faire. Si c'était des dettes héréditaires, provenant de successions échues à l'adrogeant, l'adrogé en était tenu civilement et personnellement, car l'adrogeant cessait d'être héritier.

Provenaient-elles d'engagements contractés par l'adrogé, elles n'étaient ni à la charge de l'adrogeant, ni à la charge de l'adrogé ; ce dernier en effet était libéré par la *min. cap. dem.* Comme c'était un résultat que l'équité et la raison réprouvaient, le Préteur accordait aux créanciers le secours d'une *restitutio in integrum.* Il donnait aux créanciers contre l'adrogé l'action ordinaire, mais fictive, *rescissa capitis deminutione.* (Gaius, *Com.* 3. § 84. et L. 2. § 1, *de cap. dem.* 4. 5.) Si, en outre, l'adrogeant ne se présentait pas pour défendre l'adrogé poursuivi, les créanciers obtenaient l'envoi en possession de tous les biens qui lui avaient appartenu. (Gaius, *Com.* 3. § 84.) Justinien mettait à leur disposition un moyen analogue, mais différent quant à la forme. L'adrogeant *nomine filii convenietur*, et s'il ne se présentait pas, le magistrat autorisait les créanciers à se mettre en possession des biens ayant appartenu à l'adrogé. (*Inst.* liv. 3, *de adq. per adrog.* tit. 10.)

Si l'adrogé était obligé *ex delicto*, le créancier n'avait pas besoin de recourir au Préteur. (L. 2, § 5. *de Cap. min.* 4. 5. et L. 7, § 1. id.) *Injuriarum et actionum ex delicto venientium obligationes cum capite ambulant.* De même il était inutile que le Préteur intervînt, lorsqu'il était tenu comme dépositaire et qu'il avait encore la chose entre les mains (21 pr., *D. depositi* 16. 3.), ou lorsqu'il s'agissait de dettes provenant d'une hérédité recueillie avant l'adoption. (Gaius, Com. 3, § 84.)

Signalons une dernière dérogation aux principes. La *min. cap. dem.* restait sans effet sur le contrat de société (65. § 11. *pro socio.* D. 17. 2.) et sur le contrat de mandat. (61 *mandati* 17. 1.)

Nous constaterons ici que la situation de l'adrogé pouvait, suivant les cas, se trouver modifiée. Etait-il devenu *sui juris* par le prédécès de son père, il pouvait se donner en adrogation après avoir demandé la possession de biens, sans que cet acte exerçât la moindre influence sur la dévolution des biens. Au contraire, était-il devenu *sui juris* par une émancipation, il ne pouvait plus, s'il avait été omis dans le testament, demander la *bon. poss. cont. tab.* après s'être donné en adrogation. (L. 5, § 6. *D. de bon. poss. cont. tab.* 37. 4. L. 9. *si tab. ext.* 38. 6.) Enfin, la *min. cap. dem.* résultant de l'adrogation, avait encore pour effet d'infirmer le testament fait par l'adrogé antérieurement à son adrogation. Le testament devenait *irritum,* par suite d'un changement d'état dans la personne du testateur, à moins qu'il n'eût testé pendant qu'il était au service militaire et sur son pécule castrens. (L. 22, *D. de test. mil.* 29. 1.) Mais s'il redevenait père de famille au moyen d'une émancipation, quelle devrait être la solution ? Nous la trouvons dans la loi 11, § 2. (*D. de bon. poss. sec. tab.* 37. 11.) En effet, selon le droit civil, la moindre interruption de la qualité de *sui juris* suffisait pour rompre le testament, mais le droit honoraire, moins sévère en ce qu'il n'exigeait la *factio testamenti* qu'à l'époque de la confection du testament et de la mort du testateur, donnait la *bon. poss.* aux institués, à la condition que le père de famille manifestât qu'il persévérait dans ses anciennes dispositions.

L'adrogé, de même que l'adopté, tout en acquérant la patrie de l'adoptant ou de l'adrogeant, ne perdait pas sa patrie d'origine. On craignait que l'adoption ou l'adrogation ne permît à un citoyen de se soustraire à certaines charges. C'est le même esprit qui paraît avoir dicté les lois 76 (*de condit. et demonst.*, *D.* § 35. 1. et 7. § 2. *de bonis damnat.* 48. 20.) La première décide que l'adrogation ou l'adoption n'empêchera pas de transmettre à un fiduciaire le legs qui lui a été fait à la condition de le rendre s'il meurt sans enfant. La seconde a pour but de prévenir la fraude de celui qui, sous la menace imminente d'une ac-

cusation entraînant confiscation, aurait adopté ou adrogé
quelqu'un pour se créer un héritier et lui attribuer une portion de biens, qui, sans cela, aurait été attribuée au fisc.

§ IV. Dissolution de l'adrogation.

L'adrogé pouvait être émancipé ou donné en adoption comme un enfant issu de justes noces. Mais si un seul acte avait
suffi pour faire entrer l'adrogé avec toute sa famille dans la
famille de l'adrogeant, un seul acte ne suffisait pas pour les
en faire sortir. Il fallait pour chacun d'eux une émancipation
individuelle. Toutefois, si l'adrogeant se donnait lui—même
en adrogation, l'adrogé suivait le sort de tous les enfants
soumis à sa puissance. La *media* et la *maxima capitis deminutio* avaient aussi pour effet de dissoudre l'adrogation,
puisque la privation des droits de cité entraînait fatalement
la privation des droits de famille.

§ V. De l'adrogation des impubères.

L'impubère, n'ayant pas accès aux comices, ne pouvait
pas être adrogé. Cette incapacité dura jusqu'à Antonin. Ce
prince, pour éviter que l'adrogation de l'impubère ne fût
un objet de spéculation, voulut qu'en outre de la *cognitio
causæ* ordinaire, on recherchât si l'adrogation était hono-
rable et avantageuse, *an honesta sit expediatque pupillo.*
(*Inst.*, § 3. *de adopt.*)

C'est aussi parce qu'il était à craindre, à l'époque où l'in-
tégralité des biens passait à l'adrogeant, qu'après les avoir
recueillis, celui-ci n'émancipât l'impubère, ou, sans supposer une émancipation, ne l'écartât de sa succession, qu'Antonin, pour le mettre à l'abri de ce double danger, lui donna
les garanties suivantes :

1° Si l'adrogeant avait de justes raisons d'émanciper l'impubère, il lui rendait tous les biens qui lui étaient venus de lui, soit au moment de l'adrogation, soit postérieurement.

2° S'il l'avait émancipé sans de justes motifs, indépendamment de cette restitution, il devait lui laisser en outre le quart de ses biens; c'était la quarte Antonine, du nom de l'Empereur qui l'a établie.

3° S'il l'avait exhérédé, on ne distinguait pas si l'impubère avait mérité ou non l'exhérédation, car si l'adrogeant avait contre lui de justes sujets de plainte, il ne devait pas le punir par un acte de dernière volonté.

Pour qu'il y eût lieu à l'application de ces règles, l'émancipation ou l'exhérédation devaient s'être produites pendant l'impuberté de l'adrogé. De plus, dans le cas d'exhérédation non méritée, l'impubère n'était pas admis à intenter la *quœrela inofficiosi testamenti;* car cette voie n'était ouverte qu'à défaut de tout autre moyen de droit pour arriver aux biens du défunt. D'ailleurs, la quarte Antonine suppléait ici à la *quœrela*. (L. 8. § 15. *de inoff. test.* 5. 2.) Etait-ce au contraire une émancipation imméritée qui avait donné ouverture à la quarte, ce droit ne pouvait être invoqué qu'à la mort de l'adrogeant, au moyen d'une action *familiœ erciscundœ* utile. (L. 2.§ 1. *D. fam. ercisc* 10. 2.) Quant à la restitution des biens, elle devait avoir lieu immédiatement.

Enfin, pour assurer à l'impubère la restitution de ses biens et l'obtention de la quarte dans les cas qui y donnaient lieu, l'empereur Antonin décida que toute aliénation faite en fraude de l'adrogé impubère pourrait être révoquée. (L. 15. *D. si quid in fraudem patr.* 58. 5.)

Toutes ces règles ne recevaient leur application que pendant l'impuberté de l'adrogé, car celui-ci, devenu pubère, avait un moyen plus efficace de sauvegarder ses intérêts. Il pouvait réclamer contre son adrogation, et s'il prouvait qu'en effet elle lui était désavantageuse, elle était mise à

néant, et il recouvrait son ancien état. (L. 33. *D. de adopt.*
1. 7. 4.) Si l'adrogé devenu pubère ne réclamait pas, ou
s'il échouait dans sa réclamation, le droit commun repre-
nait son empire et l'adrogation produisait ses effets ordinaires.

Au moment où l'impubère était adrogé, il pouvait avoir
des héritiers présomptifs qui auraient recueilli sa succession
s'il fût mort avant l'adrogation. Or, comme il ne fallait pas
que l'adrogeant s'enrichît aux dépens de ces personnes, la
même constitution d'Antonin astreignit l'adrogeant à la nécessité de s'engager à leur rendre les biens de l'adrogé si
celui-ci mourait avant d'avoir atteint sa puberté. On y comprenait encore la part qu'il avait reçue dans la succession
de l'adrogeant s'il était prédécédé, ou s'il l'avait exhérédé, la
quarte Antonine qui lui était due. (L. 22. *D. de adopt.* 1. 7.)

Comme cette stipulation ne pouvait être faite par les héritiers eux-mêmes, puisqu'il était de principe qu'une personne libre ne pouvait stipuler pour autrui, et que, de plus,
les héritiers ne pouvaient pas être sûrement connus dans le
temps où avait lieu l'adrogation, on fut obligé de tourner la
difficulté, et on décida que la promesse de l'adrogeant serait
reçue par un *servus publicus.* (L. 2, Code *de adop.* 8. 48.)

Pour comprendre en ce cas l'utilité de ce *servus publicus,* il faut savoir que quand un esclave était commun, c'est-
à-dire appartenait à plusieurs maîtres, il acquérait pour un
de ses maîtres le bénéfice de la stipulation, s'il stipulait no-
minativement pour lui seul. Le *servus publicus* était considéré comme appartenant à tous les membres de la cité ; de
là la conséquence que s'il stipulait de l'adrogeant, ceux pour
lesquels il stipulait devenaient créanciers du promettant.

. Les esclaves publics qui de préférence étaient chargés de
faire les stipulations, étaient ceux qui, dans chaque cité,
avaient pour mission de tenir des registres publics *tabulæ*
sur lesquels on inscrivait les donations et les cautionne-

ments. On les nommait *tabularii*. A partir d'Honorius et
d'Arcadius , les tabularii furent pris parmi les hommes
libres. (L. 3. Code *de Tabul.* 10. 69. Dès lors ce fut envers
eux que l'adrogeant promit, et le bénéfice de la stipulation
fut toujours acquis aux héritiers qui y avaient intérêt.

L'engagement de l'adrogeant, ou plutôt la caution qu'on
exigeait de lui consistait en une promesse verbale de restitution faite par l'adrogeant sur la stipulation de ce *Tabula-
rius;* mais il pouvait être accompagné de fidéjusseurs
(L. 2. Code *de adopt.* 8. 48.) Il n'avait d'effet qu'autant que
l'adrogé mourait avant sa puberté. (L. 20. *D. de adopt.*
1. 7.) Dans le cas où l'on avait omis de requérir cette caution, la promesse de l'adrogeant n'était pas moins sous-en-
tendue. (L. 19, § 1. *de adopt.* 1. 7.)

Il pouvait se faire que l'impubère eût des héritiers testamentaires par suite d'une substitution pupillaire faite avant
l'adrogation. Alors les biens ainsi répartis aux institués ne
leur étaient pas rendus en vertu de la substitution infir-
mée par suite de l'adrogation, mais par l'effet de l'obligation
contractée par l'adrogeant de rendre les biens de l'adrogé
mort avant d'avoir atteint l'âge de puberté à ceux qui les
auraient recueillis sans l'adrogation. (L. 40 *de vulg. et pup.*
28. 6.) Néanmoins, Ulpien décidait (L. 10, § 6. *D. de vulg.
et pup. subst.* 28. 6.) que cette substitution vaudrait pour
ce que l'adrogation aurait procuré à l'impubère. Quelques
jurisconsultes doutaient s'il fallait comprendre la quarte
dans la substitution pupillaire émanée de l'adrogeant, parce
qu'elle était acquise à l'adrogé, non par la volonté de l'adrogeant, mais en vertu de la constitution d'Antonin. Sur ce
point Ulpien admettait l'affirmative. Mais si l'adrogeant avait
chargé l'adrogé d'un fidéicommis la charge de rendre ne va-
lait que pour la partie de la disposition excédant le quart
des biens. Cette quarte, en effet, n'était pas une libéralité de

. l'adrogeant, et ce dernier n'était pas libre d'en priver l'a--
drogé. (22, § 1. *D. de adopt*. 1. 7.)

Quant à la portée que l'engagement dont nous venons de
parler pouvait avoir sous Justinien, elle n'était plus la même.
En effet, puisque l'adrogeant n'avait plus la propriété des
biens de l'adrogé, ce n'était pas un engagement de restituer
les biens, c'était une renonciation à se prévaloir de la qualité d'adrogeant pour venir à la succession de l'impubère, au
préjudice de ceux qui y auraient eu des droits sans l'adrogation.

Observons enfin que l'adrogation d'un impubère mettait
fin à la tutelle à laquelle il était soumis et que ne comportait plus sa qualité de fils de famille. C'est donc impropre-
ment qu'aux *Institutes* (§ 3 *de adopt*.) l'expression de
pupille est employée pour désigner l'adrogé impubère.

CHAPITRE TROISIÈME.

De l'adoption testamentaire.

On trouve plutôt, dans les écrits des historiens, que dans ceux des Jurisconsultes, des traces de l'adoption testamentaire. Aussi, au point de vue du droit, nous n'en savons que peu de chose. Ce n'est que vers la fin de la république qu'elle fut en usage. Mais ses effets étaient très-incomplets, en ce sens qu'elle était uniquement limitée à une transmission de nom et de biens, et qu'elle ne pouvait produire de puissance paternelle à cause du décès de l'adoptant. Pour qu'elle fût valable, il fallait qu'elle fût sanctionnée par une loi curiate. C'est ainsi que l'historien Dion nous apprend que l'adoption d'Octave par César, fut confirmée par une loi curiate.

L'absence de documents précis ne nous permet pas de décider, avec certitude, si cette adoption imparfaite se pratiquait encore sous Justinien. Il est permis, toutefois, de le présumer, en présence d'un fragment de *Modestin*, inséré au *Digeste*, et qui suppose, précisément une adoption de ce genre. (L. 12. *D. jure patr.* 37. 14.)

DROIT FRANÇAIS

INTRODUCTION

L'adoption n'était pas connue dans notre ancienne législation. C'est un point sur lequel nos anciens jurisconsultes
sont d'accord. Ni les pays de droit écrit, ni les pays de
droit coutumier, ne l'admettaient au nombre de leurs institutions. On la trouve cependant mentionnée dans quelques
anciens capitulaires et dans quelques coutumes ; mais,
comme une institution complètement étrangère à nos lois,
et qui n'établissait nullement les rapports de paternité et de
filiation dont le mot adoption réveille en nous l'idée.

C'était l'usage, à cette époque, d'adopter, par les armes,
et le résultat d'une pareille adoption était plutôt une confra-
ternité guerrière, que des liens de parenté et de filiation.
Parmi ces diverses adoptions, nous pouvons citer celle du
roi des Hérules, par Théodoric, roi des Visigoths, que
Montesquieu rapporte d'après Cassiodore, et celle de Chil-
debert, par Gontran, roi d'Orléans et de Bourgogne. Les
adoptions de Godefroid, duc de la Basse-Lorraine, par
l'empereur Alexis, et de Baudouin, par le prince d'Édesse,
présentent aussi le même caractère honorifique. Louis XIV.

donnant Anne de Clèves en mariage au roi de Pologne, fut inspiré aussi par l'estime et l'attachement, lorsqu'il l'appela sa fille adoptive. Sous Louis XV nous en trouvons encore un autre exemple, lorsque Louise–Elisabeth, fille du Régent, est donnée en mariage, comme fille du roi, à Louis Ier, prince des Asturies et depuis roi d'Espagne.

On a prétendu, néanmoins, qu'elle était en usage sous la première race de nos rois, comme institution de droit privé, mais elle n'existait pas au moyen âge, ni dans les temps modernes. Elle était, en effet, trop contraire aux droits éventuels des seigneurs aux fiefs possédés par leurs vassaux pour survivre à l'avénement du système féodal. D'ailleurs, le fief ne se donnait qu'en vue de la descendance directe et légitime du vassal.

Le droit féodal nous offre bien encore de fréquents exemples de fraternité d'armes aux XIVe et XVe siècles; par exemple, entre Bertrand Du Guesclin et Olivier de Clisson, entre Louis XI et Charles–le–Téméraire ; mais ces actes n'avaient de commun avec l'adoption que le nom.

Le droit coutumier ne reconnaissait pas non plus l'adoption. La coutume de Lille la défendait formellement (t. 16. art. 4), comme la coutume d'Audenarde. Ainsi, ce que permettaient certaines coutumes, comme celles de Saintes, de Saint–Jean–d'Angély, de Saint–Amand en Flandre, du Bourbonnais ou du Nivernais, c'était soit une affiliation, soit une subrogation par échange, soit un affrérissement qui donnait à l'affilié, au subrogé, à l'affréri, le droit de succéder, avec les enfants naturels et légitimes, qui ne constituaient que des conventions successorales, des modifications à l'ordre légal des successions permises par contrat de mariage, et non de véritables adoptions.

Une image plus vive, quoique non moins imparfaite de l'adoption, se trouverait dans les lois particulières de deux établissements de charité de la ville de Lyon. Les recteurs de l'Hôtel-Dieu et de la Charité pouvaient, en vertu de lettres patentes de 1560-1643, 1679 et 1729, homologuées par un arrêt de la Cour, en 1731, adopter des enfants pauvres ou orphelins. Cette adoption, qui finissait avec la minorité de l'orphelin, donnait aux recteurs le droit de diriger l'éducation de l'adopté et d'administrer ses biens. En cas de décès de l'adopté, l'hospice succédait, pour moitié, quand il était en concours avec les frères, ou pour le tout, à défaut de frères et sœurs. Il avait en outre, une sorte d'usufruit des biens des enfants orphelins. L'hôpital du Saint-Esprit, à Paris, avait le même droit. Il est aisé de voir que les adoptions pratiquées, soit à Saintes, soit à Lyon, soit à Paris, différaient beaucoup de l'adoption proprement dite. Il n'y avait pas là imitation de la nature, et il n'en résultait pas de liens de paternité et de filiation.

Cette institution n'a été ressuscitée en France que par un décret de l'Assemblée nationale, en date du 18 janvier 1792, qui porte, que son comité de législation comprendra, dans son plan général des lois civiles, celles relatives à l'adoption.

A partir de cette époque, l'adoption fut admise en principe, mais ses conditions, ses formes, ses effets ne furent réglés que onze ans plus tard, par le Code civil. Dans l'intervalle, les citoyens, s'appuyant sur certains textes qui la considéraient comme une institution reconnue (Const. de 1793, art. 24; décret du 15 frim. an III; loi du 22 frim. an VII, art. 68; arrêté du 19 floréal an VIII), en usèrent sous diverses formes. La Convention elle-même donna l'exemple, en adoptant la fille de Michel Lepelletier, tué par un garde du corps, qui lui reprochait d'avoir voté la mort de Louis XVI. (Déc. du 25 janvier 1793.)

Toutefois, le principe de l'adoption n'était pas consacré d'une manière définitive, car le projet de Code civil n'en faisait pas mention. Elle n'y fut introduite que sur les observations de la Cour de cassation et de quelques cours d'appel, auxquelles le projet avait été envoyé.

Il y avait d'ailleurs plusieurs conseillers d'Etat qui la considéraient comme inutile, dangereuse et immorale. Un parti seulement voulait en faire une institution de droit public, un moyen de récompense nationale que devait donner le Corps législatif aux citoyens les plus recommandables par leur position et leurs services rendus.

Lorsque l'adoption fut admise comme une institution de droit privé, les plus vives dissidences s'agitèrent sur le caractère et les effets qu'il convenait de lui donner. Les uns ne l'admettaient que comme productive de rapports juridiques entre l'adoptant et l'adopté seulement, sans qu'il s'en suivit aucun changement de famille. D'autres, et de ce nombre était le Premier Consul, soutenaient énergiquement que l'adoption devait être une imitation parfaite de la nature et produire un changement complet de famille.

Ces idées excessives avaient prévalu et certains textes les consacraient. Mais la discussion du Code civil, interrompue pendant près de onze mois, ne fut reprise que le 27 brumaire an XI, et, dans cet intervalle, le Premier Consul avait changé d'avis. Il avait fini par reconnaitre qu'une institution, ainsi constituée, blessait non-seulement nos mœurs, mais la nature même. Au lieu de cette prétention surhumaine de substituer la loi à la nature, ce n'était plus, à ses yeux, qu'une simple transmission de nom et de biens.

L'existence de l'adoption fut alors de nouveau mise en question. Les uns la combattaient dans son principe ; d'autres prétendaient que l'organisation qu'on voulait lui donner n'était nullement en rapport avec nos mœurs et nos idées. MM. Tronchet et Bigot-Préameneu comptaient au nombre de ses plus énergiques adversaires. Selon eux, c'était une institution inutile dans un Etat où les lois offraient à la bienfaisance tant de moyens de s'exercer ; dangereuse, en ce qu'elle fournissait un aliment aux vanités du régime nobiliaire, et favorisait le célibat et la corruption des mœurs ; immorale, enfin, parce qu'elle plaçait un enfant entre la fortune et l'abandon de ses parents. Au fond, disaient-ils, ce ne sera qu'une manière de frauder la loi qui limite la faculté de disposer. Enfin, ils trouvaient dans son indissolubilité une source de regrets amers pour les deux parties.

Le tribun Gary, dans un discours prononcé le 2 germinal an XI, réfuta victorieusement toutes ces objections. Si l'adoption eût présenté autant de dangers, malgré les combinaisons les plus prudentes, il aurait mieux valu y renoncer, à cause des abus dont elle aurait pu être la cause. Mais les législateurs ont démontré que l'adoption ne devait pas être mise au nombre de ces institutions qui, quoique bonnes en elles-mêmes, contiennent un germe malfaisant contre le développement duquel la sagesse et la prudence humaine sont impuissantes. Il leur a semblé que la mutation absolue de famille était en opposition trop directe avec la nature et les mœurs françaises. Aussi ils ont restreint les effets de l'adoption à la personne de l'adoptant et à celle de l'adopté. Cette modification primitive, qui consistait à ne pas faire sortir l'adopté de sa famille naturelle, appelait une autre réforme. Ce fut celle-ci, que l'adoption ne pourrait avoir lieu qu'après la majorité de l'adopté, à la suite d'épreuves et de conditions, telles que le danger que pouvait présenter son indissolubilité devenait à peu près chimérique.

L'adoption, ainsi renfermée dans de justes limites, est une institution vraiment libérale et salutaire. Les modifications qu'on lui a fait subir ont eu pour avantage de la mettre en harmonie avec nos mœurs et les besoins de notre époque. Par elle, l'homme privé de postérité peut reposer ses affections sur un enfant de son choix et lui transmettre son nom et ses biens. C'est elle encore qui assure un appui, donne des consolations à la vieillesse et fournit à un cœur généreux le plus beau moyen d'exercer sa bienfaisance. En un mot, ainsi que le dit Proudhon, par elle l'orphelin retrouve un père, la faiblesse un protecteur, la jeunesse un guide.

Malgré toutes les précautions qui ont été prises pour prévenir les dangers de l'adoption, elle peut cependant être pour celui qui la fait, un sujet de repentir et de regrets, comme malheureusement, une grande partie des actions de l'homme ; mais du moins le père, dont l'affection a été trompée, a la ressource de réduire l'enfant adoptif à sa légitime.

Ainsi que nous l'avons dit, la loi du 18 janvier 1792, en décrétant le principe de l'adoption, n'en avait déterminé ni les formes, ni les conditions, ni les effets ; néanmoins, sur la foi de cette espèce d'annonce, un grand nombre d'adoptions avaient eu lieu, et comme elles avaient été faites sans enfreindre les règles qui n'étaient pas encore posées, on ne pouvait sans injustice les anéantir, car on aurait également porté atteint à une infinité d'actes et de transactions de bonne foi dont ces adoptions avaient été la source. D'un autre côté, on ne pouvait leur appliquer, sans rétroactivité, les dispositions postérieures du Code Napoléon. Il fallait une loi qui en réglât le sort ; ce fut celle du 25 germinal an XI.

Cette loi ne pouvait que fermer les yeux sur le passé en l'amnistiant. Elle valida toutes les adoptions faites par acte authentique depuis le 18 janvier 1792, jusqu'à la publication du titre de l'adoption, sans autre condition que celle de l'authenticité de l'acte, et il fut permis à celui qui avait été adopté en minorité, de renoncer à l'adoption dans un délai de trois mois, à partir de la publication de la loi, ou à partir de sa majorité survenue depuis cette publication.

Quant aux effets, s'ils avaient été déterminés par acte authentique ou par jugement passé en force de chose jugée, ls étaient maintenus. Toutefois, si les droits de l'adopté étaient inférieurs à ceux du Code Napoléon, on pouvait les

lui conférer par une nouvelle adoption, à la condition que
l'adoptant n'eût ni enfants, ni descendants légitimes, qu'il
eût quinze ans de plus que l'adopté, et qu'il obtînt le consentement de son époux s'il était marié. A défaut de tout acte
authentique, on appliquait les principes du titre que nous
allons étudier ; mais l'adoptant avait la faculté de réduire
dans les six mois, par une déclaration faite devant le juge
de paix, les droits de l'adopté au tiers des droits d'un enfant
légitime.

D'autres dispositions de cette loi déclaraient que les règles
du Code devaient recevoir leur application quant à la transmission du nom, à la dette alimentaire, à la succession
anomale et aux droits de l'adopté dans sa famille naturelle.

DE L'ADOPTION.

L'adoption est un acte solennel qui, sans faire sortir l'a-
dopté de sa famille, crée, entre lui et l'adoptant, certains
rapports purement civils de paternité et de filiation.

Tantôt, selon M. Demolombe, elle offre une illusion de
paternité, un moyen de consolation et de bienfaisance à la
vieillesse de ceux qui n'ont pas eu d'enfants ou qui ont eu
le malheur de les perdre ; tantôt elle favorise l'expression
de la plus haute reconnaissance de l'homme envers son
semblable pour des services au-dessus de toute récompense.

Dans le premier cas, elle a le caractère d'une pure libéralité de la part de l'adoptant. C'est l'adoption de droit commun.

Dans le second, elle est en même temps la récompense
d'un grand acte de dévouement, l'acquittement d'une dette
sacrée. De là son nom d'adoption rémunératoire. On lui

donne aussi le nom d'adoption privilégiée, parce qu'elle est exemptée de certaines formalités auxquelles l'autre est soumise.

Enfin, il y a une troisième espèce d'adoption dite testamentaire, qui, elle aussi, est un pur acte de bienfaisance.

CHAPITRE PREMIER.

De l'adoption de droit commun.

SECTION Ire. DE SES CONDITIONS.

Parmi les conditions de l'adoption, celles requises dans la personne de l'adoptant sont au nombre de six. Trois seulement sont exigées pour l'adopté.

§ Ier. Conditions requises dans la personne de l'adoptant.

1° L'adoption n'est permise qu'aux personnes de l'un et de l'autre sexe, âgées de plus de cinquante ans. Cette faculté laissée à des personnes encore jeunes aurait pu les éloigner du mariage. Mais après cinquante ans, l'homme ne songe guère à se marier ; il vaut même mieux, dans l'intérêt social, qu'il n'y songe pas. S'il est marié et qu'il n'ait pas d'enfants, il est peu probable qu'il en ait. Il peut donc, sans inconvénient, rechercher dans une paternité fictive les jouissances que la nature lui a refusées. Dans la crainte de donner ouverture à des applications abusives, ainsi que l'a dit M. Berlier, notre Code n'a pas jugé à propos de réserver au chef de l'Etat, comme en Prusse, la faculté d'accorder des dispenses à ceux qui, pour cause d'infirmités physiques, n'ont pas l'espérance d'avoir des enfants.

2° Il faut qu'à l'époque de l'adoption l'adoptant n'ait ni enfants ni descendants légitimes (art. 348). La pensée de la loi a été que l'adoption ne pût préjudicier aux enfants nés du mariage. Le motif de l'adoption disparait lorsque l'adoptant a des enfants que la nature lui a donnés. Mais la présence d'un enfant naturel reconnu ne s'oppose pas plus à l'adoption que la présence d'un enfant adoptif. Ainsi la même personne a la faculté d'adopter soit par le même acte, soit successivement, plusieurs enfants.

Il est du plus grand intérêt de la Société de ne pas faire dépendre l'état des personnes des caprices du hasard. Ainsi survient-il des enfants à l'adoptant postérieurement à l'adoption, l'adoption subsistera comme si elle avait précédé la légitimation d'un enfant naturel. Doit-on en dire autant du cas où il naîtrait à l'adoptant, depuis l'adoption, un enfant légitime qui était déjà conçu au moment où elle a eu lieu? Nous ne le croyons pas, à moins cependant que l'enfant ne naisse pas viable. La loi a défendu d'adopter à celui qui a des enfants, dans le but de sauvegarder leurs intérêts. Nous savons aussi que quand l'intérêt d'un enfant est en jeu, sa conception lui assure les mêmes bénéfices que la naissance. C'est cette règle qui est ainsi formulée : *Infans conceptus pro nato habetur quoties de commodis ejus agitur.* Son intérêt est évident ici, car, outre que la présence d'un frère lui enlève une partie de l'affection et des soins de son père, elle restreint encore d'une manière notable ses droits à sa succession. L'art. 726 du Code Napoléon lui donne le droit de se prévaloir de la maxime qui fait remonter sa naissance au jour de sa conception, dans le cas où une hérédité s'est ouverte avant sa venue au monde. Or, il doit en être de même lorsqu'il s'agit d'écarter de la succession une personne qui n'y aurait aucun droit s'il fût né quelques mois plus tard, car, dans les deux cas, il s'agit pour l'enfant conçu de défendre un droit d'hérédité. Il semble donc tout naturel de l'admettre au bénéfice de cette fiction, même dans l'opinion de ceux qui en restreignent l'application aux successions et aux donations.

On dit dans le système contraire que le législateur a fait de l'adoption un contrat définitif et irrévocable, et que subordonner la validité d'une adoption aux éventualités de l'avenir, c'est aller contre sa pensée. D'ailleurs, on ne peut rien reprocher à l'adoptant qui ignorait la grossesse de sa femme au moment de l'adoption, et qui ne connaissait pas les sentiments de tendresse et d'affection que la nature met au cœur des pères. Mais la considération qu'on voudrait tirer de l'irrévocabilité de l'adoption et de la permanence qu'exige l'état des personnes, perd de sa valeur si l'on veut réfléchir que l'adoption n'est pas révoquée, mais annulée rétroactivement, et que l'incertitude qui règne sur son compte ne saurait dépasser un maximum de neuf mois, durée ordinaire de la gestation. Nous dirons de cette tendresse paternelle, inconnue à l'adoptant, qu'elle est, selon nous, une raison de plus pour permettre à l'enfant d'invoquer la maxime *infans conceptus*.

Comment pourrons-nous arriver à savoir s'il était conçu au moment de l'adoption? Sera-ce au moyen des présomptions des articles 312 et 315 du Code Napoléon. Mais les présomptions légales ne s'étendent pas d'un cas à un autre. Or, celles des articles 312 et 315 ne s'appliquent que quand la légitimité est mise en question. Il en résulte qu'ici, on devra se décider d'après les circonstances de fait et les renseignements des hommes de l'art. Il est bien certain, d'ailleurs, que si, comme la loi reconnaît des gestations de trois cents jours et de cent quatre-vingts jours, l'enfant naît trois cents jours après l'adoption, l'adoption restera toujours valable, et qu'au contraire, elle sera toujours nulle s'il nait dans les cent quatre-vingt jours qui la suivront.

Nous pensons également que l'absence présumée ou déclarée d'un enfant légitime fait obstacle à l'adoption. Le décès d'un absent est incertain et la présomption de mort, en vertu de laquelle on procède à l'envoi en possession des biens d'un absent, et à l'exercice des droits subordonnés à son décès, cesse quand il s'agit du droit des personnes. On rentre alors dans le droit commun, d'après lequel on ne peut fonder de droit sur une existence ou sur une mort incertaine. Tel est le motif pour lequel un époux qui ne prouve le décès de son conjoint que par une présomption, n'est pas admis à se remarier. Cependant, ce n'est là qu'un empêchement prohibitif, et, s'il est marié, pour obtenir la nullité de son second mariage, on devra faire la preuve de l'existence de l'absent. Ce sont là, du moins, des principes que nous croyons pouvoir appliquer à la question qui nous occupe. En effet, si le décès de l'enfant absent n'est par légalement prouvé, l'adoptant n'est pas en état de soutenir qu'il est sans descendants légitimes, ainsi que l'article 345 du Code Napoléon l'exige. Toutefois, si l'adoption s'est formée, le demandeur en nullité devra prouver que l'enfant absent existait à l'époque de l'adoption ; car dans ces sortes de questions la loi ne présume ni la vie, ni la mort de l'absent.

5° L'adoptant doit avoir quinze ans de plus que l'adopté. C'est un vestige du principe, admis d'abord et rejeté plus tard, que l'adoption est une imitation parfaite de la nature. Cette condition d'âge se justifie très bien en dehors de cet ordre d'idées. L'adoption est une consolation offerte à l'adoptant, une protection à l'adopté ; or, comment l'adoptant protégerait-il l'adopté, s'ils étaient l'un et l'autre du même âge, ou si l'adopté était plus âgé que l'adoptant. Sans cette condition, la protection légale qui doit résulter de l'adoption perdrait toute sa dignité, dit M. Berlier dans son rapport au Corps législatif.

4° Nul époux ne peut adopter qu'avec le consentemeut de son conjoint, même dans le cas où ils seraient séparés de corps, car l'article 344 est absolu et ne comporte pas de distinction. S'il n'en était pas ainsi, l'adoption serait une cause de désunion et de de discorde.dans le ménage. En effet, l'adoption que fait l'un des époux, peut notablement blesser l'autre dans ses intérêts pécuniaires. Elle crée à la charge de l'adoptant une dette alimentaire, dont le plus souvent son conjoint se ressentira lui-même. D'autre part, par suite des droits de succession qu'elle confère, l'adopté pourra demander la réduction des libéralités faites par l'a-doptant à son conjoint, ou même l'exclure de la succession. (360. 767. C. N.) Enfin, sous un autre point de vue, l'a-doption projetée par l'un des époux peut susciter dans le cœur de l'autre des susceptibilités et des répugnances telles que la bonne harmonie en soit à jamais troublée. Aussi, le consentement personnel du conjoint, quoique ne constituant aucune espéce d'engagement de sa part, est absolument nécessaire et ne saurait être remplacé par aucune autorisa-tion de justice.

5° La faculté d'adopter ne pourra être exercée qu'envers l'individu à qui l'on aura, pendant sa minorité et durant six ans au moins, fourni des secours et donné des soins non interrompus (art 345). C'est là une disposition très sage de la loi, dont le but est d'éviter que l'adoption ne soit le résul-tat d'une affection capricieuse ou d'un mécontentement plus ou moins passager de l'adoptant contre sa famille. Si le législateur avait donné une trop grande facilité pour créer. des liens indissolubles, l'adoption fût devenue pour les par-ties une source de repentirs et de discordes. Au contraire, cette sorte de noviciat est un moyen de s'assurer si ceux qui aspirent au titre de père et d'enfant en ont déjà les sentiments. Son effet est de mettre l'irrévocabilité du contrat à l'abri de toute atteinte.

6° L'adoptant doit jouir d'une bonne réputation. (355. C. N.) Comme l'adoption est pour l'adoptant et pour l'adopté un bienfait de la loi, les magistrats doivent faire des recher-ches minutieuses sur le caractère et les mœurs de l'adoptant. Mais cette sorte d'enquête est secrète. Il ne fallait pas dé-tourner de l'adoption les personnes timides par la crainte d'une investigation publique de leur vie privée ! Ainsi c'est officieusement et sans aucune espèce de procédure que le tribunal doit se procurer tous les renseignements propres à éclairer sa religion. La loi, du reste, s'en rapporte à sa sagesse, et pour mieux assurer le pouvoir qu'elle lui confie, elle le dispense d'énoncer les motifs de sa décision. (355. 356. C. N.)

§ II. Des conditions requises dans la personne de l'adopté.

Passons maintenant à l'examen des conditions requises de la part de l'adopté. Elles sont au nombre de trois.

1° Il faut qu'il soit majeur, c'est-à-dire qu'il ait vingt-un ans accomplis. Par l'adoption, l'adopté dispose d'une ma-nière irrévocable de sa personne et de son état ; or, un acte de cette nature exige de la part de celui qui le fait, une maturité d'esprit qui n'existe pas chez le mineur. Il est vrai qu'on lui permet de contracter par le mariage un engage-ment plus sérieux et aussi irrévocable que celui qui résulte de l'adoption ; mais l'adoption n'étant point, comme le mariage, une institution nécessaire et fondamentale, on a pensé qu'il n'y avait pas lieu de faire une exception en sa faveur. Les projets primitifs portaient que les mineurs seuls pourraient être adoptés. Aussi réservaient-ils à l'adopté, devenu majeur, la faculté de renoncer à l'adoption. Mais

c'eût été imprimer au contrat d'adoption un caractère de
révocabilité tout à fait contraire à la nature des rapports
immuables qu'il doit créer. Aussi cette idée, inspirée surtout par le désir de rattacher plus efficacement l'enfant à sa
famille adoptive, tandis que l'adoption devait avoir pour
effet de le soustraire à sa famille naturelle, a été mise de
côté avec le caractère absolu qu'on avait voulu donner tout
d'abord à l'institution.

2° Il faut que l'adopté, s'il n'a pas vingt-cinq ans accomplis, obtienne le consentement de ses père et mère ou du
survivant, et s'il est majeur de vingt-cinq ans, qu'il requière
leur conseil. Cette disposition de la loi est un hommage
rendu au principe de la déférence que l'enfant doit à ses
parents, dans toutes les circonstances de la vie, et spécialement dans un acte, qui intéresse à un très-haut degré leur
état et leur honneur. Elle en rappelle une autre qui a rapport au mariage et qui repose sur les mêmes motifs. Toutefois, il y a entre elles plusieurs différences.

Tandis qu'en cas de dissentiment, le consentement du
père suffit quant au mariage, pour l'adoption, au contraire,
le consentement du père et celui de la mère sont cumulati-
vement exigés, à moins que l'un des deux ne soit hors d'é-
tat de le donner.

Tandis que pour le mariage, la fille n'est tenue de demander le consentement de ses parents que jusqu'à l'âge de
vingt et un ans, les enfants de l'un et de l'autre sexe, qui
veulent se donner en adoption, n'en sont affranchis qu'à
l'âge de vingt-cinq ans.

Sous ce double rapport, la loi s'est montrée plus favorable pour le mariage que pour l'adoption; mais, sous les
deux suivants, c'est le contraire qui arrive.

Ainsi, pour l'adoption, la loi n'exige pas, comme pour le
mariage, le consentement des ascendants du degré supérieur.

Enfin, pour le mariage, le conseil des père et mère doit
être demandé trois fois par le fils âgé de moins de trente
ans, et la fille âgée de moins de vingt-cinq ans. Tandis qu'un
seul acte respectueux suffit, en matière d'adoption, pour les
enfants de l'un et de l'autre sexe, majeurs de vingt-cinq ans.

Nous avons vu que nul époux ne pouvait adopter sans
le consentement de son conjoint. Sera-t-il nécessaire, au
même titre, que l'époux qui se donne en adoption obtienne
le consentement de son conjoint. Il n'y a sur ce point aucun texte spécial. Mais le silence seul de la loi nous parait
significatif, en présence du soin qu'elle a pris de prévoir et
de régler le cas inverse où l'un des deux époux veut adopter. Ici d'ailleurs, sauf l'obligation alimentaire, l'adopté ne
contracte aucun engagement qui puisse préjudicier à son
conjoint ; car l'adoptant n'acquiert aucun droit de succession
vis-à-vis de l'adopté. C'est pourquoi nous n'hésitons pas à
admettre la négative, lorsqu'il s'agira du mari. Mais notre
solution ne serait pas la même pour la femme, parce que le
principe de l'autorité maritale, dont notre législation s'est
montrée si soucieuse, en serait profondément atteint.

3° Enfin nul ne peut être adopté par plusieurs, si ce n'est
par deux époux. Si l'adoption n'imite la nature que d'une
manière imparfaite, elle doit cependant n'être pas manifes-
tement en désaccord avec elle. Or, l'adoption faite par deux
personnes du même sexe serait absurde. Elle pourrait de
plus donner lieu entre les divers adoptants à des conflits, à
des rivalités regrettables. Cependant il y aurait un autre
danger, si elle était faite par des personnes de sexe différent,
mais qui ne seraient pas unies par les liens du mariage ; ce
serait de permettre à un père et à une mère naturels de se
soustraire par une adoption à la légitimation d'un enfant par
mariage subséquent. L'exception faite en faveur des époux
était commandée par la nature même de la société con-
jugale.

Le texte de l'article 344 est absolu ; et quoique les motifs sur lesquels il repose n'existent plus, du moins au même degré, au décès du premier père adoptif, il nous paraît néanmoins s'opposer toujours à ce que celui qui a été adopté une première fois soit ensuite l'objet d'une seconde adoption. On autoriserait par là un individu à courir de famille en famille pour y recueillir des droits de succession.

Il est bien certain que les conditions dont la loi s'occupe ne sont pas les seules qu'elle exige. Il y en a d'autres que les principes généraux demandent, que la nature des choses même indique, et dont le législateur pour cela n'a pas cru devoir parler. C'est ainsi que l'adoption étant essentiellement un contrat, suppose évidemment un consentement valable, et dans les deux parties, la jouissance des droits civils. Au contraire, ni les principes généraux, ni les règles spéciales de l'adoption ne font du célibat de l'adoptant, ni de la différence de sexe entre les deux parties, un empêchement à l'adoption. Dans le premier projet de loi, on en avait décidé autrement sur ces deux questions, dans l'intérêt du mariage et des bonnes mœurs. Mais une discussion plus approfondie de la matière a fait rejeter finalement ces précautions exagérées. Nous avons vu d'ailleurs qu'on y avait suppléé d'une manière efficace par la fixation d'un certain âge et la nécessité d'une enquête sur la moralité de l'adoptant.

Toutefois, il est certaines questions pour lesquelles il s'en faut beaucoup que l'on s'accorde sur la portée et l'étendue des principes généraux. Aussi leur application a soulevé, dans la doctrine et dans la jurisprudence, des divergences d'opinion qui semblent destinées à subsister longtemps encore.

Ce sont les questions suivantes : 1° Un étranger peut-il adopter ? La solution de cette question dépend de l'opinion que l'on admet sur la condition des étrangers en France.

Dans un premier système, on leur accorde tous les droits qui ne leur sont pas refusés par des textes spéciaux. En conséquence, comme au titre de l'adoption il n'y a aucune disposition qui leur refuse cette faculté, il semble tout naturel de leur accorder le droit d'adopter et d'être adoptés.

Les considérations philanthropiques qui ont inspiré ce système ne nous touchent point. Si on l'admettait, il ne tendrait à rien moins qu'à rayer du Code l'art. 11, en subordonnant son application à des textes spéciaux. D'ailleurs, en le considérant ainsi comme abrogé, on arriverait à un résultat contre lequel le législateur du 14 juillet 1819 a formellement protesté.

Un second système, plus rationnel que le premier, mais qui cependant n'est en harmonie ni avec les précédents historiques, ni avec les travaux préparatoires du Code, ne leur concède que les droits expressément ou tacitement accordés par les textes spéciaux. Il conclut du deuxième alinéa de l'article 3 que les étrangers sont capables d'acquérir en France par tous les moyens, et que, par conséquent, ils auraient pu, avant la loi du 14 juillet 1819, succéder *ab intestat* et recevoir à titre gratuit, si les articles 726 et 912 du Code Napoléon ne les en avaient pas spécialement déclarés incapables. Une pareille induction a de quoi surprendre; car il résulte d'une manière évidente, tant de l'exposé des motifs du projet que de la discussion au Conseil d'Etat du 14 thermidor an IX, que la pensée de la loi a été de refuser aux étrangers les moyens d'acquérir du droit civil, en leur concédant uniquement ceux du droit des gens. C'est là une solution que personne n'a trouvée contradictoire à l'article 3 du Code Napoléon; car cet article s'occupe d'une question de statut pour laquelle il n'est pas nécessaire de supposer que les étrangers sont aptes à devenir propriétaires en France. D'ailleurs, cet article s'appliquerait encore, si l'on restreignait cette aptitude aux étrangers se trouvant dans les con-

ditions prévues par les articles 11 et 13 du Code Napoléon.
Mais, par lui-même, il ne prouve pas que, en dehors de
ces cas, les étrangers peuvent jouir du droit d'être propriétaires en France ; et ce n'est qu'en le rapprochant des travaux préparatoires et des précédents historiques qu'on peut
arriver à cette démonstration. C'est là un système qui ne
fournit aucun moyen de reconnaître les droits tacitement
accordés aux étrangers, et qui force à chercher la solution de
la difficulté dans un autre ordre d'idées ; c'est pourquoi nous
n'hésitons pas à le repousser.

Le troisième et dernier système distingue entre les facultés
ou avantages découlant du droit naturel et ceux dont l'établissement est plus spécialement l'œuvre du droit national
qui le consacre. Il concède les premiers à l'étranger sans
condition ; quant aux seconds, il ne les accorde que dans les
cas prévus et sous les conditions indiquées aux articles 11
et 13 du Code Napoléon. C'est par suite de cette distinction
qu'on accordait aux étrangers la faculté de devenir propriétaires en France de biens mobiliers et immobiliers, de contracter à titre onéreux, de donner ou de recevoir à titre
gratuit entre vifs et d'ester en justice, tandis qu'on leur
refusait en général celle de transmettre et de succéder *ab
intestat*, de donner et de recevoir par acte de dernière
volonté.

Ce système se justifie très bien au point de vue histori-
que, et paraît devoir être encore admis aujourd'hui dans
notre législation. D'ailleurs, les travaux préparatoires établissent de la manière la plus concluante l'intention formelle
des législateurs de le maintenir, sinon dans ses détails, du
moins dans son ensemble.

On lui reproche de n'être pas conforme à nos mœurs
actuelles. Mais l'objection qu'on y fait n'a pas de fondement ;
car le droit des gens n'est pas pour nous ce qu'il était pour
les Romains ou pour nos ancêtres. Combien a-t-on vu de

législations civiles se rapprocher depuis la promulgation du Code? Ne serait-ce pas dans cette vue que, malgré la demande du Tribunat, le Conseil d'État ne voulut pas définir les droits civils dont les Français jouiraient à l'exclusion des étrangers? Tout, au contraire, semble prouver que les rédacteurs du Code ont pensé qu'une institution admise par les différents peuples civilisés pouvait devenir une institution du droit des gens, dont les étrangers seraient à même de demander le bénéfice en France, comme les Français à l'étranger.

Dans laquelle de ces deux classes doit-on ranger l'adoption? Assurément dans la seconde. L'adoption est une création du droit civil; c'est un acte de l'état civil qui a pour but essentiel de créer des rapports fictifs et purement civils de paternité et de filiation, et dont le droit de successibilité n'est que la conséquence. Aussi, depuis la loi du 14 juillet 1819, qui a permis aux étrangers de recevoir et de succéder en France, l'adoption ne leur est pas pour cela permise. D'autre part, l'adoption n'est pas une simple désignation d'héritier, c'est une institution spéciale de nos lois civiles. Or, les lois civiles sont faites uniquement pour les Français, à moins qu'une concession expresse ou tacite n'en ait étendu le bénéfice aux étrangers, et il n'en existe aucune en ce qui concerne l'adoption. Les étrangers ne peuvent donc adopter ou être adoptés que dans les cas prévus par les articles 11 et 13 du Code Napoléon, ou lorsque les lois de leur pays les autorisent à adopter ou à se donner en adoption d'après la loi Française.

2° Peut-on adopter son enfant naturel reconnu (1)?

_____

(1) La Cour de cassation, après avoir admis, le 28 avril 1841, que l'adoption des enfants naturels était permise à l'adopté, a admis l'opinion contraire le 16 mars 1843, pour revenir, par un arrêt du 1er avril 1846, à celle qu'elle avait primitivement émise.

Cette question, l'une des plus importantes que notre
législation ait soulevées, tant au point de vue juridique et
social que sous le rapport des intérêts considérables qui s'y
trouvent engagés pour un certain nombre de familles, n'a
cessé d'agiter la doctrine et la jurisprudence depuis la promulgation du Code.

On dit en faveur de l'affirmative qu'il n'y a pas incompatibilité entre la qualité de fils naturel et celle de fils légitime.
S'il arrive que la part héréditaire, attribuée à l'enfant adoptif par les articles 350 et 745, soit plus considérable que
celle qui lui est allouée par les articles 757 et 758, on n'en
doit pas conclure que l'adoption d'un enfant naturel soit
contraire aux dispositions de l'art. 908, car l'individu, qui
joint à la qualité d'enfant naturel celle d'enfant adoptif, se
trouve appelé par la loi même à recueillir la succession *ab
intestat,* non comme enfant naturel, mais comme enfant
adoptif. En outre, déclarer que l'adoption d'un enfant naturel ne peut avoir lieu, c'est gravement compromettre son
état. Souvent, en effet, son père s'abstiendra de le reconnaître pour arriver plus tard à l'adoption. Il pourra mourir
ensuite avant l'âge voulu, sans qu'il y ait ni adoption ni reconnaissance, et si la légitimation ne peut avoir lieu, soit
par la mort de l'un de ses auteurs, soit autrement, il est
juste que l'enfant puisse arriver à la légitimité par l'adoption. A défaut de la réparation complète qui serait la suite
du mariage, il serait bon d'obtenir au moins la réparation
incomplète de l'adoption. Enfin l'intérêt des bonnes mœurs
exige la réparation des torts que l'on a causés.

Un système aussi peu juridique que celui-ci ne nous parait
pas devoir être admis. L'incompatibilité qui existe entre la
qualité de fils naturel et celle de fils adoptif d'un même
individu est évidente ; elle est, du reste, parfaitement établie
par les art. 345, 546, 547, 548 et 549, qui tous supposent
qu'il n'y a aucun rapport de paternité et de filiation entre

l'adoptant et l'adopté. Si cette adoption était permise, on donnerait par là à l'enfant naturel des droits de succession. Or, on ne peut faire indirectement ce que la loi défend de faire directement, et si l'enfant naturel ne peut recevoir par donation entre vifs ou testament, à fortiori il ne peut recevoir par succession. S'il n'en était pas ainsi, on arriverait à créer une sorte de légitimation qui permettrait aux enfants naturels de recueillir les mêmes droits qu'un enfant légitime, ce qui serait une violation de l'art 334 du Code Napoléon. Enfin, admettre l'adoption de l'enfant naturel, c'est favoriser le désordre, encourager au relâchement des mœurs, éloigner du mariage ; c'est vouloir donner à l'enfant naturel un rang social que la loi et la société lui refusent. Si cette adoption était admise, il n'y aurait pas de raison pour ne pas admettre aussi l'adoption de l'enfant incestueux ou adultérin, qu'aucun texte ne défend non plus.

5° Un prêtre catholique peut-il adopter et être adopté ?

Cette question a été résolue négativement pas certains partisans de la doctrine d'après laquelle les prêtres ne peuvent pas se marier. Ils prétendent que l'adoption est une fiction de paternité légitime qui doit s'appliquer uniquement à ceux qui auraient pu se marier et avoir des enfants ; et par conséquent, ils excluent le prêtre du droit d'adopter, comme incapable de contracter mariage. A leurs yeux, la mission que le prêtre doit remplir est toute d'abnégation et de dévouement, et sa famille c'est l'humanité. Il serait détourné de cette belle mission, si on lui laissait la faculté d'adopter, car, comme le mariage, l'adoption lui donnerait les soins et les préoccupations de la famille et l'obligerait à concentrer ses affections dans le foyer domestique. C'est là une défense que plusieurs législations étrangères ont faite et qui est trop sage et trop conforme à la nature pour que nos législateurs n'aient pas voulu la consacrer.

Mais il en est d'autres, dont nous croyons devoir ad--

mettre l'opinion, qui, même en admettant pour le prêtre l'incapacité de contracter mariage, ce que nous ne pouvons examiner pour le moment, pensent que l'incapacité d'adopter n'existe nulle part pour lui. Il n'y a d'ailleurs aucun texte du droit Canon qui le lui défende. L'histoire mentionne, du reste, l'adoption de Bozon (qui fut plus tard roi d'Arles) par le pape Jean VIII, et aucune loi civile ne prononce contre le prêtre l'empêchement de l'adoption. Il en résulte donc que l'adoption doit lui être permise, même d'après la théorie qui voudrait ériger en lois, dans l'ordre civil, les Canons de l'Eglise et les règles de la discipline ecclésiastique. Plusieurs législations étrangères, il est vrai, ont refusé au prêtre catholique le bénéfice de l'adoption; mais si les rédacteurs de notre Code, qui ont dû prévoir cette conséquence, n'ont pas introduit dans nos lois cette disposition, c'est parce que leur intention a été que le prêtre catholique pût adopter.

Maintenant, cette incapacité ne vient ni du caractère de l'adoption, ni des conditions auxquelles elle est soumise, ni des effets qu'elle produit. L'adoption est par elle-même, un acte de bienfaisance dont il n'y a aucun motif pour refuser au prêtre, l'accomplissement. On dit qu'elle est un équivalent du mariage, dont le prêtre ne peut profiter, puisqu'il ne peut se marier; que puisqu'il ne peut, sans crime, avoir de postérité légitime, il n'en peut avoir de fictive. Mais ce sont là des objections basées sur de faux principes. L'adoption n'est point la fiction du mariage ; elle est celle de la paternité ; en effet, un oncle peut adopter un neveu, l'adoption est permise à un célibataire, un mari seul peut adopter, on peut adopter deux époux. On aurait tort, aussi, de dire que la qualité de prêtre est incompatible avec celle de père. L'Eglise, d'ailleurs, ne refuse pas l'entrée du sacerdoce à un homme veuf quoiqu'il ait eu des enfants d'un mariage actuellement dissous. Il n'y a donc rien de contraire à la vérité dans la fiction qui lui donne un enfant. Enfin, pour réfuter le dernier argument qui consiste à invoquer l'opinion de certains docteurs en théologie (1). Nous leur répondons, que ce ne sont là que des opinions, et nous leur opposons l'avis contraire d'autres docteurs (2). Ainsi les conditions, comme les effets de l'adoption, peuvent se réaliser sans le moindre obstacle, dans la personne du prêtre catholique (3).

Toutefois, si aucun empêchement juridique ne s'oppose à l'adoption par un prêtre, nous pensons, qu'au point de vue de la discipline ecclésiastique et de la constitution du clergé, le prêtre fera bien de s'en abstenir. Il n'en est pas de même de l'adoption d'un prêtre qui peut avoir lieu sans difficulté.

4° Un interdit peut-il adopter?

Cette question est des plus difficiles. D'excellents esprits soutiennent que l'interdit peut adopter. Mais la solution contraire nous semble préférable. L'article 502 dit, en effet, que tous actes passés postérieurement par l'interdit seront nuls de droit. Il déclare d'une manière générale que tous les actes passés par l'interdit sont frappés de nullité, d'où il suit que l'adoption doit avoir le même sort. On ne peut pas dire non, plus en présence de la présomption d'incapacité qui pèse sur l'interdit, que son consentement soit complètement libre; et il faut pour que l'adoption soit parfaite, comme pour tout autre contrat, que les parties soient capables de s'engager.

Nous trouvons encore dans la discussion au Conseil d'Etat de l'article 146 sur le mariage, la preuve que le législa-

(1) Lettre de Mgr Guillon, évêque du Maroc, du 7 janvier 1841.

(2) Lettre de Mgr Affre, archevêque de Paris, du 2 juin 1841.

(3) La Cour de cassation appelée à se prononcer sur la question, l'a résolue affirmativement, par deux arrêts des 19 février 1842 et 26 novembre 1844.

teur a eu l'intention de consacrer d'une manière expresse l'incapacité de l'interdit ; car il la mettait sur la même ligne que celle du sourd-muet. Or, comme le droit d'adopter est, ainsi que celui de contracter mariage, un droit inhérent à la personne, un droit de famille, on doit raisonner ici par analogie.

On a voulu prouver cependant, et il a fallu pour cela une incroyable subtilité d'esprit, que le système contraire était conforme aux textes du Code Napoléon ; mais ce qu'on n'a jamais prouvé, ce qu'on n'établira jamais, c'est cette distinction qu'on veut admettre, et qui ne se trouve nulle part, entre les actes faits pendant un intervalle lucide et ceux passés dans l'insanité d'esprit. Admettre cette distinction, c'est détruire entièrement le système du Code sur l'interdiction, c'est retomber dans ce dédale de questions de fait qu'on a voulu fuir et sur lesquelles il est si difficile de décider. Quand la folie a-t-elle suspendu son cours ? A quel moment a-t-elle recommencé ? Telles sont les questions presque insolubles en pratique qu'on veut faire naitre, et cela au mépris du texte de l'article 489 et de l'esprit de la loi.

On a dit encore que l'interdiction serait une atteinte pleine d'inhumanité aux droits les plus précieux des citoyens. Pour nous, nous ne voyons dans l'interdiction qu'une sage protection établie par la loi. Il nous eût semblé, au contraire, bien bizarre qu'on eût protégé les biens de l'interdit sans protéger sa personne. Or, c'est une mesure de protection que cette incapacite où il est d'adopter, comme de contracter mariage. L'interdit a passé un acte qui peut-être lui cause un préjudice, et vous permettez de l'annuler, tandis que vous laissez un individu pendant un intervalle lucide engager son honneur et compromettre sa fortune par une adoption. Nous sommes malheureusement à une époque où les affections le cèdent à l'intérêt, et il pourrait parfaitement arriver qu'une femme, abusant de la faiblesse d'esprit de son

mari, lui fit adopter un fils naturel qu'elle aurait eu avant
son mariage, et réussit par là à faire passer dans les mains
d'un jeune homme dissipé ce patrimoine que la loi protége
avec tant de sollicitude.

Maintenant, si en fait l'adoption a eu lieu, on ne doit pas
la considérer comme nulle, mais comme simplement annu-
lable. 1125.

Mais que devrait-on décider si, pour attaquer une adoption après le décès de l'adoptant, on cherchait la preuve de
la démence ailleurs que dans l'acte lui-même? Il nous
semble que l'action devrait être repoussée et que l'article
504 devrait avoir ici son application (1).

SECTION IIᵉ. **DE SA FORME.**

Les formalités de l'adoption sont au nombre de trois :
1° Le consentement des parties, manifesté en présence du
juge de paix, qui en dresse acte ; 2° l'homologation du contrat d'adoption ; 3° l'inscription de l'adoption sur les registres de l'état civil.

Première formalité. — La personne qui se propose
d'adopter et celle qui veut être adoptée se présentent
devant le juge de paix du domicile de la première, pour y
passer acte de leurs consentements respectifs. Si l'une des
parties ne peut comparaître, elle aura la faculté de se faire
représenter par un mandataire porteur d'un pouvoir spécial
et authentique.

Le concours de ces deux volontés constitue le contrat
d'adoption. Sa perfection, il est vrai, est subordonnée à
d'autres conditions qui, si elles se réalisent, rétroagissent
au jour de sa formation. Néanmoins, ce contrat tel qu'il est

(1) Cass. 1ᵉʳ mai 1841, Dalloz, 61. 1. 218.

oblige les parties. Elles peuvent cependant s'en départir d'un commun accord, mais il est dès à présent obligatoire, en ce sens que l'une d'elles ne peut le résoudre sans le consentement de l'autre. Celle qui y tient peut à elle seule poussuivre l'accomplissement des formalités manquant à son exécution.

Du principe que le contrat d'adoption est formé dès que les parties ont donné leur consentement devant le juge de paix, il résulte que c'est à ce moment qu'il faut se placer pour apprécier la validité de l'adoption. Sera-ce au juge de paix à examiner si les parties réunissent les conditions voulues par la loi ? Non ; car son office se réduit à donner l'authenticité au contrat. La loi, en matière d'adoption, a désigné expressément l'autorité qui serait chargée de cette vérification. Ce sont les tribunaux de première instance et les cours d'appel qu'elle a investis de cette mission. Entre les mains du juge de paix elle ferait double emploi. Supposer que le juge de paix refuse de recevoir un contrat d'adoption, il faudra l'appeler devant le tribunal et transformer en un débat public la procédure de l'adoption ; on obtiendra alors du tribunal ou de la Cour une décision sur laquelle ils auront plus tard à prononcer.

Dans le cas où depuis l'adoption il surviendrait des empêchements, ce sera aux magistrats de les apprécier. Mais, en droit, il n'est pas nécessaire, pour que l'adoption soit parfaite, que les conditions continuent d'exister. D'ailleurs, l'article 343 n'exige, chez l'adoptant, l'absence de descendants légitimes qu'à l'époque de l'adoption, c'est-à-dire au moment où les consentements sont échangés. D'autre part, il résulte des termes de l'article 360, que le décès de l'adoptant, survenu après que l'acte d'adoption a été déféré aux tribunaux, n'a aucune influence sur sa validité.

Deuxième formalité. — Le contrat, passé devant le juge de paix, est soumis successivement à l'homologation

du tribunal de première instance du domicile de l'adoptant,
comme mieux à même de connaître la moralité de la personne qui se propose d'adopter, et à celle de la Cour impériale. A cet effet, la partie la plus diligente se fait délivrer
une expédition du contrat d'adoption. Cette copie doit être,
dans les dix jours du contrat, remise au procureur impérial
du tribunal compétent, pour accorder ou refuser son homologation.

Après avoir entendu le ministère public et pris les renseignements convenables, le tribunal vérifie : 1° Si toutes
les conditions de la loi ont été remplies ; 2° si la personne,
qui veut adopter, jouit d'une bonne réputation. Lorsque
cette sorte d'enquête est terminée, il accorde ou refuse son
homologation, en ces termes : Il y a lieu ou il n'y a pas lieu
à adoption.

Il est défendu aux juges de s'éclairer sur la moralité de
l'adoptant autrement que par des investigations secrètes.
Ils ne peuvent également ni instruire, ni discuter publiquement l'admissibilité de l'adoption, ni même motiver leur
décision (1). Toutes les précautions ont été prises par le
législateur pour éviter que le refus d'homologation, s'il a
lieu, ne devienne, pour la personne qui se propose d'adopter,
une cause de déconsidération morale. Il a été jugé cependant, que l'art. 356 du Code Napoléon n'interdit pas au
tribunal de statuer sur le rapport d'un de ses juges (2).

Dans le mois qui suit, la décision du tribunal de première
instance est soumise à la Cour impériale, qui instruit dans

(1) L'art. 355 ne prescrit pas la mention de l'accomplissement
des formalités et des conditions qu'il exige ; on trouvera plutôt un
motif contraire dans l'art. 357, qui interdit aux magistrats de
motiver les jugements d'adoption. (Cass. 21 mars 1859. Dalloz,
59. 1. 370.)

(2) Cass. 21 mars 1859. Dalloz, 59. 1. 370.

les mêmes formes que le tribunal de première instance et
prononce sans énoncer de motifs : Le jugement est confirmé
ou le jugement est réformé ; en conséquence, il y a lieu ou
il n'y a pas lieu à adoption. Si la Cour admet l'adoption, sa
décision doit être rendue à l'audience (1) et affichée en tels
lieux et en tel nombre d'exemplaires, que la Cour impériale
jugera convenable. Il n'y a plus alors, en effet, de raison
pour la tenir secrète ; il importe au contraire qu'elle soit
rendue publique, puisqu'elle modifie l'état des parties.

Ainsi, l'adoption est soumise à la fois à la vérification du
tribunal et de la Cour. Mais il n'est pas nécessaire qu'elle
reçoive une double homologation. Celle de la Cour est seule
indispensable ; sa décision est souveraine, quel que soit le
parti qu'elle prenne. L'adoption, rejetée en première instance, peut donc être admise par la Cour, comme aussi
l'adoption, admise par la première juridiction, peut être
repoussée par la seconde.

Troisième formalité. — Dans les trois mois qui suivent
l'homologation donnée par la Cour, l'adoption doit être
inscrite à la réquisition de l'une ou de l'autre des parties,
sur le registre de l'état civil du domicile de l'adoptant. Si
cette inscription, qui doit se faire sur le vu d'une expédition
en forme de l'arrêt d'homologation (2), n'a pas lieu dans ce
délai, l'adoption reste sans effet. Le but de cette formalité
est de donner à l'adoption une publicité qui n'a pas paru
résulter suffisamment de la prononciation et de la publication de l'arrêt contenant homologation.

Mais en quoi consistera cette inscription ? Le Code ne

(1) Cass. 28 février 1866. Dalloz, 66. 1. 111.
(2) On a cependant jugé que l'inscription, faite sur une simple
copie signifiée de l'arrêt d'adoption, était valable ; car l'art. 359
n'exige pas la représentation de l'expédition à peine de nullité.
(Cass. 1er avril 1863. Dalloz, 63. 1. 463.)

nous le dit pas ; il faut donc y suppléer par l'interprétation. Toutefois, le vœu de la loi ne nous semblerait pas rempli, si l'on s'en tenait à la formule d'inscription adressée par le Gouvernement aux officiers de l'état civil, en exécution de l'avis du Conseil d'Etat du 31 juillet 1804. L'adoption, dit Proudhon, est une sorte de naissance civile, et, à ce titre, il est juste qu'elle soit constatée sur les registres de l'état civil. On agirait prudemment en se conformant aux prescriptions de l'art. 39 du Code Napoléon, qui exige l'assistance de deux témoins, leur signature ainsi que celle du requérant, ou la mention de la cause qui les empêche de signer. Cependant nous ne considérons pas l'omission de ces formalités comme une cause de nullité de l'inscription. Lequel donc des deux, de l'adoption ou de l'arrêt, devra faire l'objet de l'inscription? D'après le texte de notre article, c'est l'instrumentum du contrat d'adoption, l'acte dressé devant le juge de paix ; mais d'un autre côté, il parait rationnel que l'arrêt de la Cour impériale y soit au moins mentionné. Aussi, on fera bien de dresser un procès-verbal qui relate l'un et l'autre. Du reste, l'appréciation de la validité de l'inscription nous parait abandonnée à la sagesse des tribunaux, comme celle des actes irréguliers de l'état civil, sauf toutefois le cas d'une inscription tardive, pour lequel notre article prononce expressément la nullité de l'adoption. Nous croyons pouvoir en dire autant d'une inscription qui serait faite sur les registres de l'état civil d'un lieu où l'adoptant n'est pas domicilié.

La même déchéance, attachée au défaut d'inscription de l'adoption dans les trois mois de l'arrêt, ne nous semble pas devoir être étendue au cas où une expédition de l'acte d'adoption n'a pas été remise, soit au tribunal, dans le délai de dix jours, fixé par l'art. 354, soit à la Cour impériale, dans le délai d'un mois, imparti par l'art. 357. En effet, la seule sanction que les magistrats puissent donner à l'inob-

servation des délais prescrits par les art. 354 et 357, consiste dans le rejet, qu'ils ont la faculté de prononcer, de l'a-
doption soumise tardivement à leur examen. On peut le
voir d'après l'hypothèse réglée par l'art. 359. Si dans cet
article, le législateur n'avait pas fixé un délai fatal à l'accomplissement de la formalité de l'inscription de l'adoption,
quel autre moyen aurait-il eu de contraindre les parties à
en finir? On comprend donc très bien que les rédacteurs
du Code aient pu trouver, dans l'intervention des tribunaux,
une garantie suffisante contre l'inobservation des délais
qu'ils ont prescrits dans les art. 354 et 357, sans vouloir
dès lors y attacher nécessairement la peine de nullité. Il est
vrai que le Tribunat a proposé d'étendre expressément la
sanction de déchéance à l'inaccomplissement de toutes ces
formalités dans les délais fixés. Mais c'est une proposition
dont le Conseil d'Etat ne paraît pas avoir tenu compte, puisqu'elle n'a pas laissé de traces dans la rédaction définitive.

Bien que les effets de l'adoption remontent au jour de la
formation du contrat devant le juge de paix, l'adoption n'est
cependant parfaite que par l'accomplissement de toutes les
formalités que nous venons d'exposer. Jusqu'à cette inscription faite régulièrement sur les registres de l'état civil, les
parties ont le droit, par un commun accord exprès ou par
la discontinuation de la procédure, de renoncer à leur projet. Mais lorsque l'inscription est accomplie, elle est absolument irrévocable.

Nous avons vu que les effets de l'adoption remontaient
au jour de la formation du contrat devant le juge de paix,
et nous en avons conclu que les conditions requises pour
la validité de l'adoption devaient être réunies à ce moment.
Nous ne croyons donc pas devoir nous arrêter à l'opinion
de ceux qui prétendent qu'elles doivent continuer d'exister
jusqu'à l'entier accomplissement des formalités ; car le décès
de l'adoptant, survenu dans l'intervalle de la première à la

7

seconde formalité, empêcherait tout à fait l'adoption. D'ail--
leurs, l'interprétation qu'ils donnent à ces mots : *et porté
devant les tribunaux*, que contient l'art. 360, nous paraît
beaucoup trop littérale. De deux choses l'une, ou le contrat
est formé par le consentement que donnent les parties devant le juge de paix, ou il ne le sera qu'après l'accomplissement de toutes les formes. Or, tout le monde est d'accord
que le contrat d'adoption existe dès que le consentement
des parties a été donné devant le juge de paix. Il suffit
donc que les conditions requises pour la validité de l'a-
doption existent au jour de la formation du contrat devant
le juge de paix.

Si la loi avait surbordonné la validité de l'adoption à la
remise des pièces au procureur impérial, effectuée antérieurement au décès de l'adoptant, elle aurait été bien peu ra-
tionnelle. Cette remise, d'ailleurs, peut très bien être faite
sans le concours de l'adoptant, et il est indifférent qu'elle
ait lieu avant ou après le décès de celui-ci. Aussi pensons-
nous que ces mots : *et porté devant les tribunaux*, qui
ne figuraient pas dans la rédaction primitive de l'art. 360,
et qui se sont glissés dans la rédaction définitive, sans que
les travaux préparatoires fassent connaître les motifs de
leur insertion, n'indiquent pas une condition essentielle de
l'admissibilité de l'adoption.

Nous lisons dans ce même article 360 : les héritiers de
l'adoptant pourront, s'ils croient l'adoption inadmissible, remettre au ministère public tous mémoires et observations à ce
sujet. Mais le fait de l'exercice de cette faculté ne rend pas pour
cela l'affaire contentieuse, comme le prétendent Grenier et
Merlin. Aussi l'intervention des héritiers ne saurait leur
être opposée, comme fin de non-recevoir, si plus tard
ils voulaient introduire une instance en nullité d'adoption.

Lorsqu'une demande en adoption aura été repoussée, les
parties pourront la renouveler, soit devant les mêmes ma-

gistrats, soit devant d'autres, dans le cas où l'adoptant aurait changé de domicile. Il n'y a pas en effet d'exception de chose jugée qui puisse s'y opposer, puisque la première décision n'est pas un jugement proprement dit, mais un acte de juridiction gracieuse. D'autre part, on ne connait pas la cause qui a déterminé le rejet de l'adoption, puisqu'il est défendu aux magistrats de motiver leur décision. Il se peut que la cause soit permanente ou qu'elle dure encore, mais il peut arriver aussi qu'elle soit seulement temporaire et qu'elle ait cessé. Dans ce cas, il n'y a rien de plus juste que d'autoriser le renouvellement de l'adoption.

SECTION III. **DE SES EFFETS.**

L'adoption, lorsqu'elle est définitivement consommée par l'inscription sur les registres de l'état civil, est un acte irrévocable. On ne peut plus désormais se dégager des liens qu'elle crée, ainsi que cela se pratiquait en droit romain. Telle est précisément la différence qui existe chez nous entre l'adoption et les contrats ordinaires. Du reste, les travaux préparatoires établissent, d'une manière qui ne laisse aucun doute, l'intention bien arrêtée des législateurs de rendre l'adoption indissoluble, et c'est pour cela qu'ils ont exigé la majorité de l'adopté.

Elle diffère aussi, quant aux effets, de l'adoption romaine. Tandis qu'à Rome le lien juridique, formé par l'adoption, produisait des effets identiques à ceux de la paternité et de la filiation réelle, chez nous elle ne produit que des rapports de quasi-paternité et de quasi-filiation.

Ainsi elle n'imite la nature que de loin ; car l'adopté reste dans sa famille naturelle et y conserve tous ses droits et tous ses devoirs. (Art. 348 C. N.) Ses père et mère continuent d'exercer l'ensemble des droits attachés à la puissance paternelle, tels que le droit de correction, celui de jouissance légale, la tutelle légale et le droit de consentir au mariage. L'obligation de se fournir des aliments dans les cas prévus par la loi continue aussi de subsister entre l'adopté et ses ascendants ou ses alliés, et devient commune à l'adoptant et à l'adopté l'un envers l'autre. Enfin, sauf certains droits de succession anomale, les droits mêmes de successibilité réciproque qui existent entre l'adopté et ses parents, ne reçoivent aucune atteinte de l'adoption.

En second lieu, puisque l'adopté reste dans sa famille naturelle, il n'entre pas dans la famille de l'adoptant. L'adoption est d'ailleurs un contrat dont la nature est de ne créer que des rapports juridiques entre les deux parties qui y figurent. C'est pourquoi aucun lien de parenté ne se forme entre l'adopté et les parents de l'adoptant, d'où il résulte qu'aucune obligation alimentaire, aucun droit de successibilité ne naissent entre eux. Non-seulement l'adopté ne pourrait prétendre de son chef à aucune succession, mais il ne le pourrait même pas, en cas de prédécès de l'adoptant, au moyen de la représentation; car elle est basée sur une vocation propre et personnelle. En un mot, la position de l'adopté nous paraît sur ce point identique à celle de l'enfant naturel, que la reconnaissance laisse également étranger à la famille du père et de la mère qui l'a reconnu. Réciproquement l'adoptant reste étranger aux parents de l'adopté, et à plus forte raison l'adoption ne forme-t-elle aucun lien entre les parents des deux parties.

Toutefois, pour soutenir que les enfants de l'adopté jouissent du bénéfice de la représentation dans la succession de l'adoptant, on invoque principalement la loi 27. *D. de adopt. 1. 7. Ex adoptivo natus adoptivi locum obtinet in jure civili ;* l'article 348 portant prohibition de mariage entre l'adoptant et les enfants de l'adopté ; l'article 350 qui assimile l'adopté à l'enfant né en mariage en ce qui

concerne la succession de l'adoptant ; l'article 351 d'après
lequel l'existence de descendants de l'adopté fait obstacle
comme celle de l'adopté lui-même au droit de retour légal
établi en faveur de l'adoptant et de ses descendants ; enfin
les règles générales sur la représentation. (Art. 759 et suiv.)
Mais ces différentes dispositions ne nous paraissent avoir
aucun rapport à la question. Avant tout, il faut écarter la loi
27 *de adopt.* de la discussion, en raison de l'immense différence qui existe entre l'adoption romaine et l'adoption admise par nos lois. Par la même raison nous écarterons aussi
l'article 348, dont les prohibitions n'ont rien de commun
avec le droit de succession ; car les personnes entre lesquelles le mariage est prohibé ne sont point appelées à succéder l'une à l'autre. On ne peut pas non plus conclure, de
l'assimilation faite par l'article 350 de l'enfant adoptif à l'enfant né en mariage relativement à l'hérédité de l'adoptant,
que les descendants du premier ont également sur cette
hérédité les mêmes droits que les descendants du second ;
car ce serait étendre arbitrairement l'assimilation établie
par cet article dans une matière qui ne permet pas d'interprétation extensive. Il est également très facile de réfuter
l'objection tirée de l'article 351. Autre chose est le droit de
succéder à une personne, autre chose le droit d'empêcher
par sa présence l'ouverture d'un retour successoral au profit de cette personne, puisqu'il s'agit dans le premier cas
d'acquérir, tandis que dans le second il ne s'agit que de
conserver. Bien qu'aux termes de l'article 351, les descendants de l'adopté jouissent par rapport à l'adoptant du second de ces droits, on ne saurait raisonnablement en inférer
qu'ils jouissent également du premier. Enfin, nous répon-
drons à l'objection tirée des règles générales sur la représentation, que les descendants de l'adopté ne pourraient succéder à l'adoptant par représentation de leur auteur, qu'autant qu'ils se trouveraient, le cas échéant, appelés à son
hérédité de leur propre chef.

Nous ne croyons pas devoir davantage nous arrêter à la distinction que fait Merlin entre les descendants de l'adopté qui sont nés antérieurement à l'adoption et ceux dont la naissance est postérieure à cet acte juridique, pour leur accorder ou leur refuser des droits de succession. C'est d'ailleurs, selon nous, une erreur de vouloir accorder à une similitude de nom le pouvoir de conférer des droits de succession et d'y voir la preuve de la parenté. Est-ce que l'enfant naturel reconnu devient le parent du père de son père? Est-ce que l'adopté lui-même devient le parent du père de l'adoptant ? Et pourtant dans ces deux cas la similitude de nom existe. Du reste, lorsque les enfants qui surviennent à l'adopté postérieurement à l'adoption, joignent au nom originaire de leur père le nom de l'adoptant, ce n'est point parce qu'ils deviennent les parents de ce dernier, mais bien parce que le nom de famille de leur père a été modifié par le fait de l'adoption.

De tout ce que nous venons de dire, il résulte que l'adoption n'est chez nous qu'une imitation bien imparfaite de la paternité réelle. Non-seulement c'est un contrat tout personnel entre l'adoptant et l'adopté, et qui les laisse respectivement étrangers aux parents l'un de l'autre ; mais au point de vue des rapports qu'elle produit, ses effets sont très restreints. Ainsi pas de puissance paternelle au profit de l'adoptant sur l'adopté, pas même dans le cas de prédécès des ascendants naturels de ce dernier ; d'où il suit que l'adopté n'a pas besoin de requérir le consentement ou le conseil de l'adoptant pour se marier. Il n'y a pas non plus de droits d'hérédité en faveur de l'adoptant sur les biens de l'adopté, du moins en droit commun ; et on ne voit figurer dans tout notre titre la dénomination de père et d'enfant que dans l'article 348, qui parle des enfants adoptifs d'une même personne. Toutefois, il n'en est pas moins vrai que l'adoption est, dans une certaine mesure, une image de la paternité. C'est ainsi que l'adoption engendre certaines incapacités ou présomptions fondées sur la qualité de père et d'enfant, et établies par les articles 911, 975 et 1100 du Code Nap., 268 du Code Proc., 522 I. Cr. 299, 512 et 380 du Code pénal.

Parmi les effets de l'adoption, il en est qui se produisent entre vifs, tandis que d'autres ne se produisent qu'au décès de l'adoptant et de l'adopté :

1° Le premier effet de l'adoption nous est indiqué par l'article 347. L'adoption conférera le nom de l'adoptant à l'adopté en l'ajoutant au nom propre de ce dernier. Si l'individu est adopté par une femme mariée ou une veuve, il prend le nom de famille de l'adoptante et non celui de son mari.

2° Le second effet est consigné dans l'article 348. Aux termes de cet article, le mariage est prohibé entre l'adoptant, l'adopté et ses descendants ; entre les enfants adoptifs du même individu ; entre l'adopté et les enfants qui pourraient survenir à l'adoptant ; entre l'adopté et le conjoint de l'adoptant, et réciproquement. La pensée du législateur, en édictant ces prohibitions de mariage entre personnes habitant sous le même toit, a été de maintenir la pureté des relations au sein du foyer domestique. Mais le danger d'y introduire la corruption n'existe plus quand les deux enfants adoptifs sont déjà mariés avant l'adoption. Aussi croyons-nous pouvoir décider que deux époux peuvent être adoptés par une même personne.

Selon nous, l'opinion qui fait de ces prohibitions de mariage des empêchements dirimants est beaucoup trop rigoureuse (1). En effet, entre les prohibitions de mariage des articles 161 et 162 du Code Napoléon, que le législateur a établies, non-seulement dans le but de sauve-

(1) Proudhon et Merlin.

garder les mœurs de la famille, mais encore de mélanger les races, de rapprocher les familles et de respecter dans chacune d'elles la hiérarchie des titres et celles venant de l'adoption, il n'y a pas identité. Les premières subsistent encore après l'accomplissement du mariage des parents unis par le sang et l'annulent. Au contraire, les secondes ne survivent pas à la violation qui en est faite, car la parenté qui les a fait naître est une parenté purement civile, limitée à l'adoptant et à l'adopté. Aussi nous ne croyons pas que l'on puisse raisonner ici par analogie.

Il résulte de l'énumération contenue dans l'article 348, que le mariage reste permis entre l'adoptant et un enfant adoptif de l'adopté ; entre les deux conjoints de l'adoptant et de l'adopté ; entre le conjoint de l'adoptant et tout enfant de l'adopté, et réciproquement ; enfin, entre un enfant de l'adoptant et un enfant de l'adopté.

5° Quant à l'obligation alimentaire qui existe entre l'adopté et ses père et mère, elle devient commune à l'adoptant et à l'adopté, l'un envers l'autre. (Art. 349 C. N.) Ils en sont tenus, vis-à-vis l'un de l'autre, au même titre que les père et mère à l'égard des enfants qu'ils ont procréés, et que ceux-ci envers leurs père et mère. Mais elle n'existe pas entre l'adopté et les ascendants de l'adoptant, ni entre l'adoptant et les descendants de l'adopté, car entre eux il n'y a pas de lien de parenté. Par la même raison, les époux des parties ne sont pas tenus de cette obligation, puisque l'adoption ne produit pas l'alliance.

Passons maintenant à l'examen des effets que l'adoption produit à la mort de l'adoptant.

Aux termes de l'article 350 du Code Napoléon, l'adopté a les mêmes droits qu'un enfant légitime. Par suite, il concourra, par portions égales, avec les enfants légitimés, légitimes et adoptifs, et avec les enfants naturels dans les proportions indiquées par l'article 757 du Code Napoléon.

En l'absence de cet ordre d'héritiers, il succèdera seul et pour le tout à l'exclusion de l'Etat, du conjoint et même des ascendants, sans que ces derniers puissent lui opposer leur droit à la réserve, car elle implique la qualité d'héritier, et les ascendants ne le sont pas plus en présence d'enfants adoptifs qu'en présence d'enfants nés du mariage.

Une conséquence de la même règle, c'est qu'il a droit au rapport de ses cohéritiers, comme il y est lui-même soumis, et qu'il a, en outre, la réserve des enfants légitimes.

Ainsi, son droit à la réserve est incontestable; mais les opinions sont très divisées, lorsqu'il s'agit de calculer comment elle s'exercera. On invoque, dans une première opinion (1), l'art. 350 du Code Napoléon, qui n'accorde de droits à l'adopté que sur la succession de l'adoptant, et on dit que, si les biens sont sortis du patrimoine de l'adoptant, soit avant, soit après l'adoption, ils ne sont plus dans la succession et que l'adopté n'y peut plus rien prétendre. C'est, ajoute-t-on, une manière de punir la mauvaise conduite et l'ingratitude de l'adopté que de restreindre son droit de réduction aux legs, et de le lui refuser complètement pour les donations entre vifs. Une seconde opinion (2) accorde le droit de demander la réduction pour les donations postérieures à l'adoption, que l'adoptant ne devait pas faire au préjudice du droit plus ancien de l'adopté; mais elle le refuse pour les donations antérieures, par la raison que l'adopté n'a pas dû compter sur ces biens, et qu'en les faisant entrer dans le calcul de la réserve, on permettrait au donateur de porter atteinte à l'irrévocabilité de son acte.

Aucune de ces deux opinions ne nous paraît devoir être admise. On peut faire à la première le reproche de revenir sur les conséquences d'un principe qu'elle a proclamé

(1) Delvincourt.
(2) Grenier et Toulier.

en restreignant le droit de réduction aux legs seulement. De plus, la distinction qu'elle fait est tout à fait arbitraire, tandis qu'au contraire, dans le Code, tout ce qui touche à ces questions a été soigneusement réglé. Rien donc n'autorise à croire qu'il y ait deux modes d'effectuer ce calcul. La distinction proposée par les partisans du second système, nous semble non moins arbitraire ; elle repose, d'ailleurs, sur un texte qui n'en fait aucune. D'autre part, ils la supposent virtuellement contenue dans le principe de l'irrévocabilité des donations, principe auquel ils prétendent qu'on pourrait frauduleusement porter atteinte en dehors du calcul de la réserve. Ils prétendent aussi que l'application de l'art. 960 du Code Napoléon, aux termes duquel les donations sont révoquées pour cause de survenance d'enfant, que l'on s'accorde à restreindre au cas de la naissance d'un enfant légitime, se trouverait étendue en matière d'adoption, au moyen du droit de réduction, si dans le calcul de la réserve, on comprenait tous les biens donnés avant comme après l'adoption.

Cette argumentation a le tort de considérer l'adoption comme dépendant du libre consentement de l'homme. La volonté de l'adoptant, il est vrai, y joue le rôle principal, mais on y a ajouté tant de conditions sévères, tant de formalités rigoureuses, que tout concert frauduleux ne peut plus exister. De plus, la nullité peut en être opposée, en tout temps, par toute personne intéressée. Ce n'est donc pas un moyen aussi facile qu'on le croit de faire échec au principe de l'irrévocabilité des donations. D'un autre côté, pourquoi voir dans la réduction une application détournée et frauduleuse de l'art. 960 ? Autre chose est la révocation pour cause de survenance d'enfant, autre chose, la révocation qui résulte de la réduction. L'une, la révocation, a lieu de plein droit et au profit direct du donateur, bien plus que de son enfant, tandis que la réduction n'opèrera qu'éventuellement lors du décès du donateur et au profit direct de l'enfant réservataire.

Il est, du reste, tellement vrai que la révocation pour cause de survenance d'enfant et le droit de réduction diffèrent entre eux, que la donation entre vifs, faite par un homme ayant déjà des enfants, n'est pas révoquée par la survenance d'un nouvel enfant au donateur. Tandis que ce nouvel enfant, pour obtenir sa réserve, aura parfaitement le droit de faire réduire cette donation, bien qu'antérieure à sa naissance. Pareillement, la donation antérieure n'est pas révoquée par l'adoption ; mais l'adopté n'en aura pas moins le droit de la faire réduire pour obtenir sa réserve. Alors, sa situation sera celle d'un enfant né en mariage, et sa réserve se calculera, tant sur les biens donnés avant ou après l'adoption, que sur ceux laissés par l'adoptant à son décès.

Si l'adoptant s'est marié postérieurement à l'adoption, l'adopté, qui pour les droits héréditaires est assimilé à un enfant légitime, pourra invoquer l'art. 1098, aux termes duquel l'homme ou la femme qui, ayant des enfants d'un autre lit, contractera un second ou subséquent mariage, ne pourra donner à son nouvel époux qu'une part d'enfant légitime le moins prenant, et sans que, dans aucun cas, ces donations puissent excéder le quart des biens. On a soutenu que l'adopté n'avait pas droit à cette réserve spéciale, parce que la lettre de l'art. 1098 ne s'applique qu'aux enfants nés d'un autre lit, c'est-à-dire aux enfants nés d'un mariage antérieur. D'ailleurs, a-t-on dit, lorsqu'il s'agit d'un enfant adoptif, le motif de l'article n'existe plus, puisqu'il est fait en haine des secondes noces. Pour être concluante, l'objection tirée des expressions « nés d'un autre lit », aurait besoin d'être corroborée de la preuve que le législateur s'en est servi dans un sens d'exclusion ; mais rien ne le prouve. Reste alors l'art. 350, qui a assimilé l'enfant adoptif à l'enfant né en mariage pour les droits à la succession de l'adoptant, par suite pour la réserve, quelle qu'en soit la quotité, et dans quelque circonstance qu'elle se produise. Il résulte donc de là que l'art. 1098 doit s'appliquer à lui comme ayant les mêmes droits qu'un enfant légitime. D'un autre côté, ce n'est pas tant la haine des secondes noces qui a dicté la disposition de l'art. 1098, que le désir de protéger les enfants déjà nés contre les libéralités excessives que consentirait trop aisément, dans l'intérêt d'un nouvel établissement, l'homme déjà avancé en âge, ou que l'influence de son époux arracherait à sa faiblesse durant le mariage. Or, ce danger existe aussi bien et plus peut-être pour l'adopté que pour les enfants nés d'un précédent mariage ; nous croyons donc qu'il est juste de lui donner la même garantie.

Mais, si nous concédons à l'enfant adoptif comme à l'enfant légitime le droit de limiter par sa présence les donations faites par l'adoptant, nous ne croyons pas que l'adoption puisse opérer, comme survenance d'enfant, la révocation des donations antérieures de l'adoptant. En effet, la révocation pour cause de survenance d'enfant est une faveur accordée au mariage et à la paternité véritable. Mais l'intérêt social n'exige pas au même degré qu'on encourage à l'adoption, car si elle peut produire des résultats utiles à la société, on doit reconnaitre qu'elle a été principalement établie dans l'intérêt des particuliers. Aussi l'art. 960 n'attache-t-il ce résultat qu'à la naissance d'un enfant légitime du donateur, même d'un posthume, et à la légitimation d'un enfant naturel par mariage subséquent, s'il est né depuis la donation. On peut dire que, l'art. 350 assimilant l'enfant adoptif aux enfants légitimes, il doit en être de même pour lui. Mais c'est une objection à laquelle il est facile de répondre. L'art. 350 s'occupe uniquement des droits héréditaires, tandis que la révocation n'a lieu que du vivant du donateur. D'autre part, la révocation pour cause de survenance d'enfant n'est que l'événement d'une condition résolutoire légale qui se réalise au profit du donateur et non au profit de l'enfant qui lui survient. Elle n'est que l'effet de la protection réservée par la loi au donateur contre l'ignorance où il était de l'affection paternelle, et l'intérêt de l'enfant y est tellement étranger que sa mort immédiate, pourvu qu'il soit né viable, n'empêcherait pas la révocation. Ainsi donc, l'adoption ne saurait être invoquée à l'effet de faire tomber les donations antérieures, ni par l'adoptant, parce que c'est un bénéfice attaché à la paternité réelle, ni par l'enfant adoptif, parce que ce n'est pas un droit de succession, et que d'ailleurs la révocation a été admise dans l'intérêt du donateur et non dans celui des enfants, même nés en mariage.

Réciproquement, l'existence d'un enfant adoptif au moment d'une donation de l'adoptant ne sera pas prise en considération pour en empêcher la révocation pour cause de survenance d'enfant, car il ne connaissait pas les douceurs de la paternité, et dès lors la présomption qui sert de base à la révocation existe dans toute sa force.

Faut-il aussi, par suite de la présence d'un enfant adoptif du donataire, refuser au donateur le bénéfice du retour légal, réglé par l'art. 747, ou du retour conventionnel, stipulé par un donateur quelconque aux termes des art. 951. 952. Le premier des deux est évidemment un droit successoral, et sa dévolution est réglée de la même manière que toute succession ordinaire. Or, l'ascendant n'est appelé qu'à défaut de descendants, il sera donc exclu par l'enfant adoptif que l'art. 350 assimile à l'enfant né en mariage. Le droit de retour des art. 951, 952, au contraire, a son origine dans la convention des parties. Le donateur, dans ce cas là, se préfère aux autres héritiers que le descendant du donataire, et stipule que les biens donnés lui reviendront, si le donataire prédécède sans postérité. Ces deux droits sont complètement différents entre eux, par suite leurs effets sont différents aussi. Il s'agit dans le second d'une donation soumise à la condition résolutoire du prédécès du donataire sans postérité. Or, aux termes de l'art. 1175 toute condition doit être accomplie de la manière que les parties ont vraisemblablement voulu entendre qu'elle le fût. Il n'y a donc là qu'une question d'interprétation de volonté. Il n'est pas probable du reste, que ce donateur ait pensé au cas où le donataire adopterait quelqu'un. Aussi nous croyons pouvoir décider que la présence de l'adopté ne peut empêcher l'exercice du droit de retour conventionnel.

Supposons maintenant que l'adopté meure avant l'adoptant, sa succession est dévolue à sa famille naturelle, suivant le droit commun et comme si l'adoption n'avait pas eu lieu. Ainsi l'adoptant ne succède pas à son fils adoptif, si ce n'est dans le cas exceptionnel déterminé par l'article 351, tandis que l'adopté a les droits les plus étendus sur la succession de l'adoptant. Ce défaut de réciprocité dans les droits de succession s'explique ici par le désir du législateur de conserver dans toute sa pureté le caractère de bienfaisance et de désintéressement qui doit distinguer l'adoption.

Si l'adopté a fait un testament, sa succession s'ouvre pour le tout en faveur des héritiers de son choix, sans que l'adoptant puisse exercer aucun droit de réserve, même sur les biens qu'il a donnés, car la disposition testamentaire les empêche de se retrouver dans la succession de l'adopté.

S'il meurt *intestat* et sans laisser de descendants légitimes, les choses données par l'adoptant ou recueillies dans sa succession et qui existeront en nature, retourneront à l'adoptant ou à ses descendants, à la charge de contribuer aux dettes et sans préjudice des droits des tiers. Le surplus de ses biens appartiendra à ses propres enfants, et ceux-ci exclueront toujours, pour les objets même spécifiés au présent article, tous héritiers de l'adoptant autres que ses descendants. (351, C .N.) Ainsi la loi divise la succession en deux parts, dont l'une est dévolue comme une succession ordinaire, tandis que la dévolution de l'autre a lieu d'après son origine. En recueillant la dernière, l'adoptant ne l'enrichit pas ; il ne fait que reprendre ce qu'il a donné. D'autre part, il eût été très rigoureux d'ajouter à la douleur d'un père qui a perdu son fils, même adoptif, le chagrin de voir passer en d'autres mains des biens qui lui ont appartenu et qu'il affectionne peut-être. C'est pourquoi la loi l'appelle de préférence à tous héritiers autres que les descendants légitimes. La présence d'un enfant adoptif, ainsi que nous l'avons dit en examinant l'hypothèse analogue de l'article 747, serait également un obstacle à l'exercice de ce droit de retour successoral. Mais si les enfants de l'adopté renoncent à la succession, leur renonciation équivaudra, pour l'adoptant, à l'absence de postérité, car celui qui renonce est censé n'avoir jamais été héritier. (785, C. N.) Ce que nous venons de dire de l'adoptant s'applique aussi à ses descendants dans le cas de prédécès de l'adopté sans postérité. Eux aussi pourront recueillir les biens que l'adopté a trouvés dans la succession de l'adoptant et qui existent en nature dans la sienne. Mais nous n'accorderions pas le même droit à l'enfant adoptif de l'adoptant, car l'assimilation établie par l'article 350 entre l'enfant adoptif et l'enfant né en mariage, n'a trait qu'à la succession de l'adoptant, tandis qu'il s'agit ici de celle de l'adopté. Çe serait d'ailleurs une extension qui ne serait en rapport ni avec les termes de la loi, ni avec son esprit.

L'article 352 permet encore à l'adoptant d'exercer ce droit dans la succession des descendants de l'adopté, s'il leur survit ; mais ce droit lui est exclusivement réservé et ses enfants n'en peuvent pas profiter. Quant aux autres biens de l'adopté et de ses descendants, ils sont recueillis par leurs propres parents, et à défaut de parents, par l'époux survivant ou l'Etat. Toutefois, l'exercice de ce droit de retour n'aura lieu qu'au moment de la défaillance de toute la postérité. C'est là du moins ce qui résulte des articles 351 et 352 combinés. Il importe de remarquer ici que les descendants de l'adoptant ne sont appelés à recueillir les choses qu'il a données et celles qui proviennent de sa succession, que dans le cas où l'adopté est mort sans postérité. Il s'agissait là d'éviter des recours indéfinis de la descendance de l'adoptant sur la descendance de l'adopté, qui auraient été la source de procès et de difficultés interminables. C'est donc dans cette vue que le législateur a restreint à l'adoptant l'exception qu'il faisait au principe de la dévolution des biens (732).

A quel titre et à quelles conditions autres que le prédécès de l'adopté et de ses enfants sans postérité, les personnes comprises dans les articles 351, 352, sont-elles appelées à l'exercice du droit qui leur est conféré par ces articles ? Ce sera à titre d'héritiers. L'article 352 dit, du reste, que l'adoptant succède aux choses par lui données. Il n'y a donc pas le moindre doute sur le sens dans lequel il convient de prendre le mot « retourneront » de l'article 351. Il s'agit ici du même retour que celui réglé par l'article 747, car comme dans cet article, le droit de retrait de l'adoptant est restreint aux biens qui se retrouvent en nature dans la succession de l'adopté. On doit donc voir ici un droit de succession comme dans l'article 747, par suite, les règles ordinaires des successions doivent lui être applicables.

Mais ce ne sont pas là les seules conditions et restrictions auxquelles est soumis le droit de retour légal de l'adoptant et de ses descendants. Il faut en outre que les biens donnés se retrouvent en nature dans la succession, c'est-à-dire qu'ils s'y retrouvent dans leur identité. On n'admet pas qu'une somme d'argent puisse être remplacée par un immeuble, et réciproquement. Il faut aussi qu'il soit bien certain que les objets donnés sont dans la succession du *de cujus* par l'effet d'une donation qui lui a été faite ou qui a été faite à son auteur, si le *de cujus* est un descendant de l'adopté. Ainsi, il ne faudrait pas qu'ils fussent rentrés dans son patrimoine après en être sortis par une aliénation.

C'est avec juste raison que le législateur, pour éviter les contestations auxquelles pourrait donner lieu la question de savoir si la succession du défunt est définitivement plus riche par l'effet de la donation, a décidé que les biens donnés devaient se retrouver en nature, c'est-à-dire non-seulement dans leur identité matérielle, mais encore dans leur première qualité de biens donnés et à aucun autre titre.

Comme nous venons de le voir, les articles 351 et 352 appellent l'adoptant ou ses descendants à recueillir dans la succession de l'adopté les biens par lui donnés, s'ils se retrouvent en nature. Mais succèdera-t-il aux actions en reprise ou au prix dû des choses aliénées ? Le premier des trois systèmes qui ont été présentés sur cette question, se prévaut du silence de la loi et dit que la théorie des articles 747 et 766 ne doit pas être étendue. Le second accorde l'action en reprise et refuse le prix encore dû. Mais aucun de ces deux systèmes ne nous semble devoir être admis. Nous croyons qu'il a droit aux actions en reprise et au prix encore dû, et nous admettons le troisième système qui les lui accorde. D'ailleurs, les dispositions des articles 351 et 352 ont été développées par les articles 747 et 766 et il semblerait difficile, pour cette raison, que les articles 351 et 352 ne pussent être interprétés par les articles 747 et 766. Si, en effet, on refusait à l'adoptant une action en reprise, on lui refuserait la chose elle-même, car, d'après la maxime romaine, *qui habet actionem ad rem recuperandam rem ipsam habere videtur.* D'un autre côté, en la donnant aux héritiers ordinaires, on leur donnerait en nature une chose de la succession de laquelle ils sont écartés. Le mieux est donc de l'attribuer à l'adoptant, car l'hypothèse des articles 351 et 352 est encore plus favorable, puisque les descendants de

8

l'adoptant peuvent, comme l'adoptant lui-même, exercer le droit de retour sur les biens laissés par le donataire et que ce même retour peut aussi avoir lieu au profit de l'adoptant dans la succession des enfants de l'adopté, tandis que rien de pareil n'a lieu dans le cas de retour prévu par l'art. 747.

Or, lorsque la loi a donné plus d'extension au droit de retour des articles 351 et 352, on ne peut faire autrement que d'interpréter ces articles par les articles 747 et 766, puisque c'est la même pensée qui a dicté les deux dispositions. Si le législateur avait admis là une exception, il l'aurait indiquée. Il n'y en a donc pas, et dès lors on doit rentrer dans l'application du droit commun.

SECTION IV. DES CAUSES DE NULLITÉ DE L'ADOPTION.

D'après l'opinion de certains jurisconsultes, l'adoption, homologuée par le Tribunal et la Cour, et inscrite sur les registres de l'état civil, ne peut plus être annulée pour quelque cause que ce soit. Voici le raisonnement qu'ils font : Les rédacteurs du Code ont eu primitivement la pensée de confier l'adoption au pouvoir législatif, à l'exemple de ce qui se passait à Rome pour l'adrogation. Mais, de ce qu'ils n'ont pas persévéré dans cette première pensée, en raison des lenteurs et des difficultés que ce projet devait soulever dans son application, on ne saurait en conclure qu'en passant aux tribunaux, cette attribution a changé de caractère et a cessé d'être un exercice de la puissance publique. Les tribunaux agissent donc là en vertu d'une délégation du Corps législatif auquel ils sont substitués; par suite, leur décision vaut loi, et contre une loi, il n'y a pas de recours. On ne peut, du reste, expliquer autrement le silence complet des rédacteurs du Code sur tout ce qui se rattache à l'annulation de l'adoption. Ce n'est pas ainsi qu'ils ont procédé au titre du mariage, où tout ce qui regarde les causes de nullité, les personnes qui peuvent les proposer, les délais et les fins de non-recevoir, est parfaitement prévu et réglé. Enfin, si tout pouvait être remis en question par des voies, pour des causes et pendant un temps tout-à-fait arbitraires, à quoi servirait une double vérification de la part des tribunaux?

Nous ne partageons pas cette opinion. Elle nous semble sacrifier l'intérêt des familles, celui d'un enfant de l'adoptant dont on peut avoir dissimulé l'existence, et même aussi celui des collatéraux, auxquels, après tout, la loi permet toujours d'attaquer les actes qui les dépouillent, lorsqu'ils ne sont pas conformes à ses prescriptions. D'un autre côté, la logique veut que, pour qu'ils soient privés, par suite d'une adoption, des droits que la loi leur confère, cette adoption soit régulière ou sinon qu'ils soient à même d'en démontrer l'irrégularité. Lors même qu'on se prévaudrait des conditions préalables que la loi exige, il n'en serait pas moins exact de dire que les droits des intéressés seraient destitués de véritables et sérieuses garanties, s'ils n'étaient pas recevables à poursuivre la nullité de l'adoption. D'ailleurs, les magistrats peuvent être trompés par la production de pièces fausses, et il est naturel qu'il y ait un recours contre leur décision, car ils sont d'autant plus exposés à l'être, que tout se passe en secret, sans contradicteur, entre l'adoptant et l'adopté d'accord. On fait donc une supposition purement gratuite en prêtant au législateur l'intention de dénaturer, en cette circonstance, l'autorité judiciaire, et de conférer aux magistrats un pouvoir législatif et souverain. C'est là encore ce qui résulte des termes judiciaires : homologation, jugement, arrêt (554 et suiv.), ainsi que de la manière de prononcer : Il y a lieu à adoption. Elle concourt aussi à démontrer que le tribunal n'opère pas une adoption, mais statue sur la validité d'une adoption déjà faite.

Mais, dit-on, les garanties et les solennités dont on a voulu entourer l'adoption, ne servent à rien, puisqu'elle pourra être attaquée comme si aucune vérification n'avait eu lieu. A cela on répond que l'adoption produit encore des effets d'une certaine importance. En effet, comme acte de l'état civil, elle crée certains rapports de paternité et de filiation, et produit des empêchements de mariage ; on comprend donc que le législateur n'ait pas voulu l'abandonner complètement à la volonté des parties, car elle aurait pu servir à dissimuler des projets coupables. Ainsi s'explique, tout naturellement, l'attribution aux magistrats du pouvoir d'homologuer l'adoption, dans l'intérêt des bonnes mœurs, et pour éviter les demandes en nullité, et s'évanouit l'idée d'une prétendue délégation du pouvoir législatif à l'autorité judiciaire.

Les motifs qui nous ont servi à démontrer que la nullité de l'adoption peut être demandée en justice, établissent aussi comment et par quelle voie cette demande peut être formée.

Une fois l'adoption passée devant le juge de paix, la Cour n'a à prononcer sur aucune contestation. Elle suppose le contrat valable, et donne son homologation comme un visa solennel qui n'a pas plus l'autorité de la chose jugée que tous les actes semblables de simple juridiction volontaire ou gracieuse.

Ainsi, c'est par voie d'action principale, devant le tribunal de première instance compétent, et en suivant la procédure ordinaire, que la nullité du contrat d'adoption peut être demandée. Il peut arriver aussi, qu'elle soit proposée par voie d'exception, si après le décès de l'adopté, ses héritiers s'appuyaient sur l'adoption pour former une demande en pétition d'hérédité devant le tribunal compétent.

Cette manière de procéder nous semble la meilleure et la plus juridique. Il est clair que l'opposition, ni l'appel, ne seraient pas recevables, car ces voies sont seulement ouvertes à ceux qui ont été parties. C'est la même raison qui empêchera de se pourvoir en cassation, ainsi que le défaut de motifs de l'arrêt qui prononce l'adoption. De même, la requête civile ne pourrait pas non plus être admise, car elle n'est autorisée qu'en faveur de ceux qui ont été parties. Ici, d'ailleurs, elle ne pourrait guère être fondée que sur l'inobservation des formes prescrites, à peine de nullité (art. 480. 2° C. Proc.), et par suite, elle manquerait dans les cas de nullité les plus importants. Il faut en dire autant de la tierce-opposition, qui appartient seulement à ceux qui auraient pu ou dû être appelés dans l'instance. Du reste, ainsi que nous l'avons déjà fait remarquer, ces voies de recours ordinaires et extraordinaires ne peuvent être employées que contre des jugements rendus en matière contentieuse et susceptibles d'acquérir l'autorité de la chose jugée.

Ainsi, on objecterait en vain qu'un tribunal de première instance pourra réformer un arrêt de la Cour impériale, car la demande en nullité est, en pareil cas, plutôt dirigée contre l'adoption elle-même, que contre le jugement ou l'arrêt qui l'a homologuée. La question ne s'agite pas, d'ailleurs, entre les mêmes parties, et on ne saurait contre quel chef se pourvoir, puisque la décision n'est pas motivée.

Les causes de nullité de l'adoption sont relatives ou absolues.

Parmi les nullités relatives, nous signalerons : 1° celle qui provient des vices de dol, d'erreur ou de violence, dont serait entaché le consentement de l'une ou de l'autre des parties ; 2° la nullité fondée sur le défaut de consentement des père et mère de l'adopté qui n'avait point accompli sa vingt-cinquième année. (Art. 1109, 1115, C. N.)

Nous rangerons au nombre des nullités absolues, celles-ci : 1° si l'adoptant ou l'adopté était étranger, et que son statut personnel ne lui permit pas d'adopter ou d'être adopté conformément à la loi française ; 2° si l'adoptant, à l'époque de l'adoption, était âgé de moins de cinquante ans ; 3° s'il avait des enfants légitimes ; 4° s'il n'avait pas au moins quinze ans de plus que l'adopté ; 5° s'il ne lui avait pas réellement fourni des secours et donné des soins non interrompus pendant six ans, durant sa minorité ; 6° si l'adopté était enfant naturel de l'adoptant ; 7° si le conjoint de l'adoptant n'avait point donné son consentement à l'adoption ; 8° et si les règles de forme ou de compétence n'avaient pas été observées.

A la différence des nullités relatives qui ne peuvent être invoquées que par les personnes dont le consentement a été imparfait, leurs héritiers ou successeurs, les nullités absolues peuvent être proposées par l'adoptant ou l'adopté, ou par tous ceux qui ont un intérêt pécuniaire, né ou actuel.

Nous ne croyons pas devoir ranger parmi les causes de nullité le défaut d'accomplissement de la formalité de l'article 346, d'après lequel le majeur de vingt-cinq ans est tenu de requérir le conseil de ses père et mère. Il s'agit là d'un devoir de déférence dont l'accomplissement ne paraît pas devoir compromettre le sort de l'adoption, pas plus qu'il n'affecte le sort du mariage. Pareillement, le défaut d'observation des délais des articles 354 et 357 ne peut être une cause de nullité de l'adoption, consacrée d'ailleurs par la possession d'état la plus éclatante. Enfin, on ne peut pas non plus fonder une demande en nullité d'adoption sur ce que l'adoptant ne jouissait pas d'une bonne réputation. Il en résulterait, si l'adoptant était mort, une série d'investigations qui insulteraient à sa mémoire dans un moment où il ne pourrait plus défendre son honneur outragé.

Comme l'article 1304 s'applique à tous les cas où l'action en nullité ou en rescision d'une convention n'est pas limitée à un moindre temps par une loi particulière, il en résulte que l'action en nullité de l'adoption durera dix ans. Ainsi à l'expiration de ce délai, l'action en nullité fondée sur le défaut de consentement des père et mère de l'adopté est éteinte.

Les demandes en nullité d'adoption constituent des contestations sur l'état civil des citoyens et doivent être jugées en audience solennelle. Il n'en est pas de même pour les arrêts rendus en matière d'adoption (1).

(1) Cass. 24 août 1852. Sir. 55. 1. 17.

CHAPITRE DEUXIÈME.

De l'adoption rémunératoire.

———————

A côté de l'adoption de droit commun, il en existe une dont la dénomination indique la cause ; c'est l'adoption rémunératoire, qui permet à l'adoptant de récompenser les services que lui a rendus l'adopté. Mais toute espèce de services ne suffit pas ; il faut que l'adopté ait sauvé la vie à l'adoptant, et qu'il l'ait fait dans des circonstances qui augmentent le mérite du service rendu. La raison se refuse à admettre que ces trois circonstances soient les seules où l'adoption rémunératoire puisse avoir lieu. D'ailleurs, si c'est en se jetant sous le poignard des assassins, ou en se précipitant au milieu des ruines d'un édifice qui s'écroule, ou en descendant dans un puits qu'un jeune homme a sauvé la vie à une personne, son action est aussi méritoire que s'il l'eût sauvée dans un combat, ou en se précipitant au milieu des flammes ou des flots. Ainsi l'article 345 présente trois cas d'une règle générale qu'il est facile d'en faire sortir, et qui s'appliquera quand l'adopté aura sauvé la vie à l'adoptant par un acte de courage dans lequel il aurait exposé la sienne.

Pour que cette adoption puisse avoir lieu, il suffit que l'adoptant soit majeur, plus âgé que l'adopté, sans enfants ni descendants légitimes, et, s'il est marié, que son conjoint consente à l'adoption. Il ne sera donc pas nécessaire que l'adoptant ait cinquante ans révolus, quinze ans de plus que l'adopté, et qu'il lui ait donné des secours pendant six ans au moins de sa minorité. On a pensé, pour cette dernière condition, que la manifestation du dévouement de l'un et la reconnaissance de l'autre étaient des garanties suffisantes de la persistance des sentiments qui avaient provoqué l'adoption.

Devons-nous comprendre dans l'exemption la règle prohibitive de l'adoption d'un même individu par plusieurs personnes autres que deux époux ? La raison de douter vient de ce que l'article 345, qui emprunte aux articles 343, 344 les conditions exigées en cas d'adoption rémunératoire, ne parle pas de celle relative à l'inexistence d'une précédente adoption; d'où certaines personnes ont conclu qu'elle était virtuellement comprise dans l'exemption, d'autant plus, disent-elles encore, qu'en se contentant d'une supériorité d'âge quelconque de l'adoptant sur l'adopté, les législateurs ont suffisamment prouvé qu'ils entendaient faire de cette adoption privilégiée une image bien imparfaite de la nature. C'est là une opinion qui ne nous parait pas fondée. Les textes, en effet, ne contiennent pas une pareille exception. D'ailleurs, toutes les conditions dont la loi fait la remise n'ont trait qu'à la personne de l'adoptant, tandis que la règle prohibitive de l'adoption d'un même individu par plusieurs personnes est relative à la personne de l'adopté.

Dans ce cas là l'adoptant devra également jouir d'une bonne réputation. C'est là encore une condition commune à l'adoption ordinaire, comme tout ce qui regarde sa forme et ses effets.

CHAPITRE TROISIÈME.

De l'adoption testamentaire.

La majorité de l'adopté figure au nombre des conditions requises pour l'adoption ordinaire. Dès lors l'homme, arrivé à un âge avancé, qui veut s'attacher quelqu'un par une adoption, précisément à cause de l'affection et de l'intérêt que son enfance lui inspire, est obligé d'attendre que la majorité de la personne sur qui a porté son choix le lui permette. Il s'écoulera donc en général un temps assez long avant que l'adoption ordinaire puisse avoir lieu, et dans l'intervalle, il est à craindre que la mort ne l'arrête dans la réalisation de son généreux projet. Aussi, le législateur, pour permettre à la bienfaisance de s'exercer librement, et combler cette lacune de notre législation, a institué l'adoption testamentaire.

L'adoption testamentaire doit être précédée d'une tutelle officieuse réunissant les conditions exigées par les art. 361 et suivants. C'est ainsi qu'il a été décidé, avec beaucoup de raison, que la reconnaissance d'un enfant naturel ne saurait être considérée comme équivalente à la tutelle officieuse au point de vue de l'adoption (1).

(1) Cass. 25 juin 1857. Dalloz 57. 1. 592.

Ainsi envisagée dans ses rapports avec l'adoption ordinaire, la tutelle officieuse a pour but de la préparer et de la faciliter. Elle assure et constate l'accomplissement de la condition relative à la prestation de soins et de secours non interrompus pendant six ans au moins de la minorité de l'adopté. Elle sert de plus à lever les scrupules de la famille qui pourrait hésiter à le confier, sur la foi d'une pure promesse d'adoption, à la personne qui offre de s'en charger, dans la crainte que l'enfant ne soit ensuite abandonné, sans avoir été mis à même de se suffire. En matière d'adoption testamentaire, au contraire, il en est tout autrement ; ce n'est plus un moyen préparatoire facultatif, c'est un préliminaire obligé.

Indépendamment de l'application des principes généraux, le contrat de tutelle officieuse est soumis à peu près aux mêmes conditions spéciales que celui d'adoption. Il y a, en effet, même raison de sauvegarder l'intérêt des tiers et de ne pas détourner du mariage, tant qu'il est dans l'ordre de la nature et dans l'intérêt de la société. Par suite, il sera nécessaire pour la validité : 1° que le tuteur ait plus de cinquante ans ; 2° qu'il n'ait pas d'enfants ou de descendants légitimes ; 3° qu'il soit capable de gérer une tutelle ordinaire ; 4° qu'il obtienne, s'il est marié, le consentement de son conjoint. (361, 362, C. N.)

De son côté, le pupille devra : 1° être âgé de moins de quinze ans (364) ; 2° se munir du consentement de ses père et mère ou du survivant d'entre eux, ou, à leur défaut, du conseil de famille, ou enfin, si l'enfant n'a pas de parents connus, des administrateurs de l'hospice où il aura été recueilli, ou de la municipalité du lieu de sa résidence (361) ; 3° n'être pas déjà soumis à une première tutelle officieuse, si ce n'est à celle du conjoint du tuteur officieux. Cette troisième condition n'est pas exigée en propres termes, mais du moins elle résulte virtuellement de la nature de cette institution, qui est de conduire à l'adoption.

L'article 362 s'exprime d'une manière générale et ne distingue pas entre les sexes ; par suite, la femme peut être tutrice officieuse. C'est d'ailleurs une institution différente de la tutelle ordinaire et qui conduit à l'adoption, dont les femmes peuvent également profiter.

La tutelle officieuse se fera devant le juge de paix, qui dressera procès-verbal des demandes et consentements relatifs à la tutelle officieuse (363). Il n'est donc pas question d'homologation judiciaire, ni d'inscription sur les registres de l'état civil, car il ne s'agit pas de changement d'état : nous trouvons dans l'article 366 les conditions qui doivent s'ajouter à l'établissement de la tutelle officieuse pour la validité de l'adoption testamentaire. Le tuteur pourra, dans les cinq ans qui suivront l'établissement de la tutelle, conférer au pupille l'adoption par acte testamentaire, pourvu qu'il ne laisse pas d'enfants légitimes.

Trois conditions spéciales sont exigées pour cette espèce d'adoption. 1° Il faut que le testament qui confère l'adoption au pupille ait été fait par le tuteur officieux après cinq ans révolus depuis la tutelle. La loi veut que le tuteur ait pu apprécier les dispositions du pupille et qu'il ait eu le temps de s'attacher à lui sérieusement. Aussi pensons-nous que la capacité du testateur doit être exigée à la confection du testament et au décès, et qu'il n'est pas suffisant que le testateur soit mort cinq ans après la formation du contrat, sans avoir révoqué son testament fait à une époque quelconque de la tutelle. Cette interprétation est, du reste, en parfaite harmonie avec l'article 366 qui ne prévoit que le cas où le testament a été fait dans les cinq ans révolus depuis la tutelle, et avec l'esprit de la loi qui ne veut pas que l'adoption soit de la part de l'adoptant l'objet de surprise et d'entraînement. Si le testateur était mort cinq ans après la

formation du contrat sans révoquer un testament fait antérieurement, sa situation serait celle d'un mineur de seize
ans, mort sans avoir révoqué ses dispositions testamentaires.
Par suite, l'adoption testamentaire serait nulle au même titre,
car elle résulterait d'un vice de sa volonté, qui ne serait pas
réputée assez éclairée.

2° Il faut que le tuteur officieux soit décédé avant la
majorité du pupille, et bien entendu sans avoir révoqué
son testament. On a toutefois prétendu que l'adoption testamentaire continuait de subsister après la majorité de
l'adopté, et qu'une nouvelle adoption n'était pas nécessaire.
Mais la proposition contraire nous paraît formellement
résulter des articles 366 et 368 ; car ce n'est que dans
la prévoyance de son décès avant la majorité du pupille,
et seulement pour ce cas, que le tuteur peut faire cette
espèce d'adoption. Toutefois, s'il mourait quelques heures
ou quelques jours après que le pupille a atteint sa majorité,
il ne serait pas conforme à l'esprit de la loi d'annuler impi-
toyablement l'adoption testamentaire. Si, en effet, l'adoption
testamentaire n'a pu être transformée en adoption ordinaire,
les magistrats devront la maintenir sans hésitation.

3° Il faut enfin que le tuteur officieux ne laisse, en
mourant, aucun descendant légitime. Il importe peu qu'il
ait eu des enfants, soit après avoir fait son testament, soit
même à ce moment, pourvu qu'ils soient morts avant lui.
C'est là une interprétation conforme au texte et aux principes généraux en matière de testament. Cette condition ne
se rapporte pas, comme dans le cas précédent, à l'incertitude
ou à l'indépendance de volonté ; elle a pour but unique de
sauvegarder l'intérêt des enfants du tuteur officieux. C'est
donc plutôt une règle de disponibilité qu'une règle de
capacité proprement dite ; et comme il n'y a lieu de considérer, dans ce cas là, que l'époque du décès, c'est à ce

moment qu'il convient de se reporter. C'est ainsi que la loi le décide expressément dans des cas analogues.

Le tuteur officieux, s'il est marié, n'a pas besoin du consentement de son conjoint pour conférer l'adoption testamentaire à son pupille, parce que la disposition s'exécute à une époque où le mariage est dissous. Mais la règle qui défend l'adoption d'un même individu par plusieurs personnes nous paraît devoir être appliquée ici.

Comme son nom l'indique, cette adoption se fait par acte testamentaire ; peu importe l'espèce de testament que le *testateur* ait choisi, pourvu qu'il soit revêtu de toutes les formes qui lui sont propres. Ainsi que toute disposition testamentaire, l'acte qui conférera l'adoption sera essentiellement révocable. Il n'est pas nécessaire que la clause contenant l'adoption soit accompagnée d'une disposition quelconque de biens.

On ne peut voir une cause de nullité dans le défaut d'homologation de ce contrat d'adoption, ni dans le défaut d'inscription sur les registres de l'état civil ; cependant, pour éviter toute difficulté, on fera bien de remplir les mêmes formalités que pour l'adoption ordinaire.

Pour que l'adoption soit définitive, il faut qu'elle soit acceptée par l'adopté ou ses représentants. La loi n'a pas réglé la manière dont cette acceptation doit être faite. Mais il est certain qu'un mineur n'a pas la capacité nécessaire pour prendre parti sur un objet de cette importance. C'est là le motif pour lequel la majorité est jugée nécessaire dans l'adoption ordinaire et dans l'adoption rémunératoire. Aussi est-on généralement d'accord pour décider que l'acceptation ou la répudiation de l'adoption testamentaire, émanée des représentants du mineur, n'aura que des effets provisoires et ne deviendra définitive que par la ratification de l'adopté après sa majorité.

Si le tuteur a conféré l'adoption au mineur, les effets de cette adoption seront les mêmes que ceux de l'adoption ordinaire. Si, au contraire, il n'a pu, par suite du défaut d'accomplissement des conditions, ou s'il n'a pas voulu conférer l'adoption au pupille devenu majeur, il lui doit une indemnité à raison de l'incapacité où celui-ci se trouve de pourvoir lui-même à ses besoins.

PROPOSITIONS.

Histoire du droit romain.

I. Les *gentiles* étaient ceux qui appartenaient à une famille perpétuellement ingénue et dont aucun parent n'avait été esclave ou client.

Droit romain.

1. Les lois 3 et 4 *de adopt. Dig.* ne sont pas en opposition avec les lois 9 *de pactis* et 13, § 4 *ad senatusconsultum Trebellianum.*

II. La loi 12 *de adopt.* n'est pas en opposition avec la loi 37 du même titre.

III. La loi 17 *de adopt.* n'est pas en opposition avec la loi 32, § 1 du même titre.

Histoire du droit français.

1. Du Ve au XIe siècle, la territorialité était le caractère de la loi pénale.

Droit français.

I. L'enfant naturel ne peut être adopté par le père ou la mère qui l'a reconnu.

II. L'adoption doit être considérée comme non avenue lorsqu'il est né à l'adoptant, depuis l'adoption, un enfant légitime qui était déjà conçu au moment où elle a eu lieu.

Droit criminel.

I. L'aggravation de peine, résultant d'une qualité personnelle à l'auteur principal, ne nuit pas aux complices.

II. L'interdiction légale ne s'applique pas aux condamnations par contumace.

Droit administratif.

I. Le propriétaire qui fait, sans autorisation, des travaux non confortatifs à une maison sujette à reculement, n'est passible que d'une amende.

II. Les simples fournisseurs de matériaux sont des entrepreneurs dans le sens de l'arrêt du Conseil du 7 septembre 1755, et peuvent extraire des matériaux des propriétés désignées par l'administration.

Vu à Nancy, le 27 octobre 1866,
Le Professeur Président de la thèse,
A. LOMBARD.

Vu et permis d'imprimer :
Le Recteur de l'Académie de Nancy,
Officier de la Légion d'honneur,
J.-J. GUILLEMIN.

NANCY. — Typographie A. LEPAGE, Grande-Rue, 14.

www.ingramcontent.com/pod-product-compliance
Lightning Source LLC
Chambersburg PA
CBHW062036200326
41519CB00017B/5056